DAS HETHITISCHE RITUAL CTH 447

von Maciej Popko

DAS HETHITISCHE RITUAL CTH 447

von

Maciej Popko

AGADE

ul. Krasińskiego 18 m. 252, 01-581 Warszawa, Poland
tel. 0-48 22 839 87 85 lub 0-604 94 11 36
e-mail: kapelus@mail.uw.edu.pl

Warszawa 2003

ISBN 83-87111-28-7

INHALTVERZEICHNIS

VORWORT

Die vorliegende Arbeit wurde ursprünglich als Beitrag gedacht, aber ihr Umfang nahm mit der Zeit zu, folglich hat sich auch ihre Struktur geändert. Überdies tauchten verschiedene Hindernisse auf, und zuweilen war sogar die Verwirklichung der beabsichtigten Aufgabe bedroht. Zuletzt jedoch konnte die Arbeit in der vorgelegten Gestalt dank der Anregung und Hilfe seitens meiner Schüler und Freunde, Magdalena Kapełuś und Prof. Dr. Piotr Taracha, abgeschlossen werden, und für diese Mitwirkung und stetige Unterstützung stehe ich tief in ihrer Schuld.

Herr Prof. Dr. Cem Karasu nahm auf sich die Mühe, einen von mir vermuteten Textanschluß und teilweise auch meine Textumschrift an den Originaltafeln am Anadolu Medeniyetleri Müzesi in Ankara zu überprüfen, wofür ich ihm zu großem Dank verpflichtet bin. Mein aufrichtiger Dank gebührt Herrn Prof. Dr. Horst Klengel, der mir liebenswürdigerweise eine Kopie des Textfotos von 2796/c (BoFN 8886) zur Verfügung gestellt hat. Zu danken habe ich ferner Herrn Prof. Dr. Massimo Poetto, der mir seine Hilfe bei dem Sammeln der Literatur geleistet hat. Für die bibliographischen Hinweise sei Herrn Prof. Dr. Silvin Košak auch an dieser Stelle gedankt.

ABKÜRZUNGS- UND LITERATURVERZEICHNIS

/a, /b usw.	Inventarnummern der Boğazköy-Tafeln aus den Grabungen 1931ff.
Abl.	Ablativ
Adj.	Adjektiv
Adj. gen.	Adjectivum genetivale
Adv.	Adverb
AfO	Archiv für Orientforschung, Berlin/Graz/Horn
ah.	althethitisch
ANET	J.B. Pritchard (ed.), Ancient Near Eastern Texts relating to the Old Testament, Princeton 1950 (auch 1955, 1969)
Anm.	Anmerkung(en)
AnSt	Anatolian Studies (Journal of the British Institute of Archaeology at Ankara), London
AoF	Altorientalische Forschungen, Berlin
AOS	American Oriental Series, New Haven
ArOr	Archív Orientální, Prag
B.u.	Bedeutung unbekannt
BiOr	Bibliotheca Orientalis, Leiden
BMECCJ	Bulletin of the Middle Eastern Culture Center in Japan, Wiesbaden
BSL	Bulletin de la Société de Linguistique de Paris, Paris
bzw.	beziehungsweise
c.	genus commune
CHANE	Culture and History of the Ancient Near East, Leiden/ Boston/ Köln

CHD	The Hittite Dictionary of the Oriental Institute of the University of Chicago, Chicago 1980ff.
CRRAI	Compte rendu de la ... Rencontre Assyriologique Internationale (zitiert nach dem Kongreßdatum)
CTH	E. Laroche, Catalogue des textes hittites, Paris 1971, mit Ergänzungen in RHA 30 (1972), 84-133, und RHA 33 (1975) 68-71
Dat.	Dativ
ders.	derselbe
d.h.	das heißt
Dir.	Direktiv
Dupl.	Duplikat
erg.	ergänzt
evtl.	eventuell
FsBittel	R.M. Boehmer, H. Hauptmann (Hrsg.), Beiträge zur Altertumskunde Kleinasiens. Festschrift für Kurt Bittel, Mainz 1983
FsFriedrich	R. von Kienle et al. (Hrsg.), Festschrift Johannes Friedrich zum 65. Geburtstag am 27. August 1958 gewidmet, Heidelberg 1959
FsHoffner	R. Beal et al. (eds.), Hittite Studies in Honor of Harry A. Hoffner, Jr. on the Occasion of His 65th Birthday, Winona Lake 2003
FsHouwink ten Cate	Th.P.J. van den Hout, J. de Roos (eds.), Studio historiae ardens. Ancient Near Eastern Studies Presented to Philo H.J. Houwink ten Cate on the Occasion of his 65th Birthday (Uitgaven van het Nederlands Historisch-Archaeologisch Instituut te Istanbul), Leiden 1995
FsMeriggi^2	O. Carruba (ed.), Studia Mediterranea Piero Meriggi dicata, Pavia 1979
FsOtten^2	E. Neu, Chr. Rüster (Hrsg.), Documentum Asiae Minoris Antiquae. Festschrift für Heinrich Otten zum 75. Geburtstag, Wiesbaden 1988

Gen.	Genitiv
A. Götze, NBr	A. Götze, Neue Bruchstücke zum grossen Text des Ḫattušiliš und den Paralleltexten (MVAeG 34.2), Leipzig 1930
A. Goetze, Tunn.	A. Goetze, The Hittite Ritual of Tunnawi (AOS 14), New Haven 1938
GsImparati	S. de Martino, F. Pecchioli Daddi (eds.), Anatolia antica. Studi in memoria di Fiorella Imparati (Eothen 11), Firenze 2002
V. Haas, Berggötter	V. Haas, Hethitische Berggötter und hurritische Steindämonen. Riten, Kulte und Mythen. Eine Einführung in die altkleinasiatischen religiösen Vorstellungen (Kulturgeschichte der antiken Welt 10), Mainz 1982
V. Haas, GHR	V. Haas, Geschichte der hethitischen Religion (Handbuch der Orientalistik, 1. Abt.: Der Nahe und Mittlere Osten, Bd. 15), Leiden/New York/Köln 1994
hatt.	hattisch
HDW	J. Tischler, Hethitisch-Deutsches Wörterverzeichnis. Mit einem semasiologischen Index (IBS 39), Innsbruck 1982
HED	J. Puhvel, Hittite Etymological Dictionary, Berlin/New York/ Amsterdam 1984ff.
HEG	J. Tischler, Hethitisches etymologisches Glossar. Mit Beiträgen von G. Neumann und E. Neu (IBS 20), Innsbruck 1977ff.
heth.	hethitisch
HS	Historische Sprachforschung, Göttingen
M. Hutter, Behexung	M. Hutter, Behexung, Entsühnung und Heilung. Das Ritual der Tunnawiya für ein Königspaar aus mittelhethitischer Zeit (KBo XXI 1 – KUB IX 34 – KBo XXI 6) (OBO 82), Göttingen 1988
HW	J. Friedrich, Hethitisches Wörterbuch, Heidelberg 1952
HW 1., 2., 3. Erg.	J. Friedrich, Hethitisches Wörterbuch, 1.-3. Ergänzungsheft, Heidelberg 1957-1966

HW^2	J. Friedrich und A. Kammenhuber, Hethitisches Wörterbuch. Zweite, völlig neubearbeitete Auflage auf der Grundlage der edierten hethitischen Texte, Heidelberg 1975ff.
IBoT	İstanbul Arkeoloji Müzelerinde Bulunan Boğazköy Tabletleri I-IV, İstanbul 1944, 1947, 1954 und 1988
IBS	Innsbrucker Beiträge zur Sprachwissenschaft, Innsbruck
Imp.	Imperativ
insb.	insbesondere
Instr.	Instrumentalis
intr.	intransitiv
Iter.	Iterativum
JAC	Journal of Ancient Civilizations, Changchun
JANER	Journal of Ancient Near Eastern Religions, Leiden/Boston/ Köln
JAOS	Journal of the American Oriental Society, Boston
jh.	junghethitisch
JNES	Journal of Near Eastern Studies, Chicago
A. Kammenhuber, Materialien	A. Kammenhuber, Materialien zu einem hethitischen Thesaurus, Heidelberg
KBo	Keilschrifttexte aus Boghazköi, Leipzig/Berlin 1916ff.
G. Kellerman, Diss.	G. Kellerman, Recherche sur les rituels de fondation hittites (Thèse présentée à l'Université de Paris-1), Paris 1980
KlF	F. Sommer und H. Ehelolf (Hrsg.), Kleinasiatische Forschungen 1, Weimar 1930
Koll.	Kollektivum
KUB	Keilschrifturkunden aus Boghazköi, Berlin 1921ff.
l.c.	loco citato
Lebrun, Samuha	R. Lebrun, Samuha, foyer religieux de l'empire hittite (Publications de l'Institute orientaliste de Louvain 11), Louvain-la-Neuve 1976.

lk. Kol.	linke Kolumne
Lok.	Lokativ
m.E.	meines Erachtens
Med.	Medium
mh.	mittelhethitisch
Minos	Minos, Salamanca
MIO	Mitteilungen des Instituts für Orientforschung, Berlin
MVAeG	Mitteilungen der Vorderasiatisch-ägyptischen Gesellschaft, Leipzig
Nom.	Nominativ
Nom.-Akk.	Nominativ-Akkusativ
n.	genus neutrum
o.ä.	oder ähnlich
OBO	Oriens Biblicus et Orientalis, Göttingen/Freiburg
OLA	Orientalia Lovaniensia Analecta, Leuven
OLZ	Orientalistische Literaturzeitung, Leipzig/Berlin
Or	Orientalia. Nova Series, Roma
H. Otten, HTR	H. Otten, Hethitische Totenrituale, Berlin 1958
Part.	Partizip
Pers.	Person
Pl.	Plural
M. Popko, Kultobjekte	M. Popko, Kultobjekte in der hethitischen Religion (nach keilschriftlichen Quellen), Warschau 1978
M. Popko, Zippalanda	M. Popko, Zippalanda. Ein Kultzentrum im hethitischen Kleinasien (THeth 21), Heidelberg 1994
Prs.	Präsens
Prt.	Präteritum
r. Kol.	rechte Kolumne

RA	Revue d'assyriologie et d'archéologie orientale, Paris
RHA	Revue hittite et asianique, Paris
Rs.	Rückseite einer Tontafel
RSO	Rivista degli Studi Orientali, Roma
s.	siehe
sc.	scilicet
Sg.	Singular
J. Siegelová, Eisen	J. Siegelová, Gewinnung und Verarbeitung von Eisen im hethitischen Reich im 2. Jahrtausend v. u. Z. (Annals of the Náprstek Museum XII), Prag 1984, 71-168
Silva Anatolica	P. Taracha (ed.), Silva Anatolica. Anatolian Studies Presented to Maciej Popko on the Occasion of His 65th Birthday, Warsaw 2002
I. Singer, Muw.Pr.	I. Singer, Muwatalli's Prayer to the Assembly of Gods through the Storm-god of Lightning, Atlanta 1996
SMEA	Studi Micenei ed Egeo-Anatolici, Roma
F. Sommer, AU	F. Sommer, Die Aḫḫijavā-Urkunden, München 1932
StBoT	Studien zu den Boğazköy-Texten, Wiesbaden
P. Taracha, Ersetzen	P. Taracha, Ersetzen und Entsühnen. Das mittelhethitische Ritual für den Großkönig Tutḫalija (CTH *448.4) und verwandte Texte (CHANE 5), Leiden/Boston/Köln 2000
THeth	Texte der Hethiter, Heidelberg
tr.	transitiv
TUAT	O. Kaiser (Hrsg.), Texte aus der Umwelt des Alten Testaments, Gütersloh 1982ff.
u.a.	unter anderen
A. Ünal, Ḫantitaššu	A. Ünal, The Hittite Ritual of Ḫantitaššu from the City of Ḫurma against Troublesome Years, Ankara 1996
UF	Ugarit-Forschungen. Internationales Jahrbuch für die Altertumskunde Syrien-Palästinas, Neukirchen-Vluyn

unv.	unveröffentlicht
usw.	und so weiter
Vb.	Verbum
Verf.	Verfasser
vgl.	vergleiche
Vs.	Vorderseite einer Tontafel
J.J.S. Weitenberg, U-Stämme	J.J.S. Weitenberg, Die hethitischen U-Stämme, Amsterdam 1984
WO	Die Welt des Orients, Göttingen
Z.	Zeile(n)
ZA	Zeitschrift für Assyriologie und verwandte Gebiete – Vorderasiatische Archäologie, Leipzig/Berlin
ZAW	Zeitschrift für alttestamentliche Wissenschaft, Berlin
z.B.	zum Beispiel

Besondere Zeichen:

	Ein Punkt unter dem transkribierten Zeichen bedeutet „beschädigt"
x	unleserliches Zeichen
( )	innerhalb der Umschrift: Ergänzung nach dem Duplikat
[ ]	Lücke im überlieferten Text
[[ ]]	im überlieferten Text zu tilgen
< >	Auslassung im Original
=	Morphemgrenze

TEXTÜBERLIEFERUNG

Der Gegenstand dieser Arbeit ist das in E. Laroches Catalogue des textes hittites unter der Nr. 447 gebuchte Beschwörungsritual. Sein Hauptteil ist schon längst bekannt, trotzdem fehlte seine philologische Bearbeitung, und nur einzelne Passagen wurden zu lexikalischen Untersuchungen, zumeist in den beiden großen hethitischen Wörterbüchern, zitiert. Dank den neuesten Textzusammenschlüssen ist es nun möglich, den Text des Rituals zwar noch nicht vollständig, doch zum großen Teil wiederzugewinnen. Obwohl es zu den zahlreichen anatolischen Beschwörungsritualen der mittelhethitischen Zeit gehört, unterscheidet es sich dennoch von diesen inhaltlich. Echt magische Handlungen spielen hier eine bescheidene Rolle, andererseits sind seine eigenartigen Beschwörungen oder eher Götteranrufungen reich an Aussagen, in denen Anklänge an Gebetsformeln sowie auch magische Vorstellungen erkennbar sind. Schon diese Tatsachen reichen völlig aus, um das Interesse der Hethitologie für eine ausführliche Behandlung des Ritualtextes zu erklären.

Das Ritual ist in zwei Exemplaren erhalten, die hier, dem CTH 447 folgend, als A und B bestimmt werden:

A. KBo 11.10 (191/p)

B. KBo 39.39 (64/b) (+) KBo 41.24 (2796/c) + KBo 20.92 (150/e) + KBo 11.72 (2413/c) + KBo 39.131 (316/b) + KBo 34.170 (2117/c).

Zum Exemplar B vgl. auch die Joinskizze in S. Košak, Konkordanz der Keilschrifttafeln III/2 (StBoT 43), Wiesbaden 1999, 238f. (noch ohne 2796/c; auf S. 239 ist 84/b zu 64/b zu korrigieren).

Die Textrekonstruktion hat schon eine lange Geschichte. Die erste Erwähnung eines zu CTH 447 gehörigen Textstückes verdanken wir H. Otten, der das damals unv. 2413/c Rs. III 5-14 in Umschrift und Übersetzung in OLZ 50 (1955) Sp. 393 Anm. 4 vorgelegt hat. 1958 zitierte er in HTR 122 das zu jener Zeit ebenso unv. 150/e „Vs." (= Rs. IV) 19 und 21. 1961 ist in KBo XI mit den Texten aus dem Gebäude K auf Büyükkale das große Textfragment 191/p als Nr. 10 veröffentlicht worden. Zusätzlich enhält der Band unter der Nr. 72 die Autographie des ursprünglich aus dem Gebäude A auf Büyükkale stammenden 2413/c, das sich damals als Duplikat zu Nr. 10 erwies. E. Laroche hat beide Textexemplare in CTH (1971) unter der Nr. 447 eingeordnet. Das Textfragment 150/e wurde 1971 in KBo XX als Nr. 92 veröffentlicht und bald von E. Laroche, RHA 30

(1972) 108 als Anschlußstück an KBo 11.72 erkannt (wobei in KBo 20.92 Vs. I zu Rs. IV zu verbessern ist).

Weitere Textanschlüsse erfolgten viel später. In seinem 1981 veröffentlichten Beitrag[1] hat V. Haas auf die Ähnlichkeit zwischen dem damals unv. 2117/c Rs. 5'f. und KBo 11.10 Vs. II 23'f. aufmerksam gemacht. Nach dem Erscheinen von KBo XXXIV (1991), in dem die Autographie von 2117/c unter der Nr. 170 zu finden ist, war es möglich, die Zugehörigkeit dieses kleinen Textstückes zu KBo 11.72+ Rs. IV festzustellen, s. dazu Verf., Zippalanda (1994) 34. Zwei weitere Anschlüsse sind D. Groddek zu verdanken. 1996 hat er auf die Zugehörigkeit von KBo 39.131 (316/b) zu KBo 20.92 Rs.! IV! verwiesen[2] und 1999 den indirekten Anschluß von KBo 39.39 (64/b) an das Exemplar B festgestellt[3]. Zuletzt, schon im Laufe der Textbearbeitung, erwies sich KBo 41.24 (2796/c) als ein weiteres Anschlußstück an das Exemplar B.

Die beiden Textexemplare stammen aus Büyükkale: A aus dem Gebäude K, B aus dem Gebäude A[4]. Hinweise zum genauen Fundort einzelner Textfragmente des Exemplars B sind bei S. Košak, Konkordanz der Keilschrifttafeln III/2 (StBoT 43), Wiesbaden 1999, 69, sub 2117/c zu finden; der Fundort von 2796/c ist der Edition zufolge das Gebäude A Raum 5 N.

In paläographischer Hinsicht erweist sich das Exemplar B als spätmittelhethitisch, und es erübrigt sich, dies auf diesen Seiten zu beweisen, da die paläographischen Kriterien der Textdatierung heute gut bekannt sind. Im junghethitischen Exemplar A begegnen gelegentlich Schreibungsformen, die im Vergleich mit dem (graphisch älteren) Exemplar B älter sind; beispielweise sei hier das mh. *an-tu-wa-aḫ-ḫa-* (A II 20') gegenüber *an-tu-uḫ-ša-* (B II 25') genannt; vgl. auch *ḫulija-* (A II 29') gegenüber SÍG-*a-* (B II 33'). Es liegt also die Vermutung nahe, daß sowohl A

[1] V. Haas, Leopard und Biene im Kulte „hethitischer" Göttinnen. Betrachtungen zur Kontinuität und Verbreitung altkleinasiatischer und nordsyrischer religiöser Vorstellungen, UF 13 (1981) 113 Anm. 109.

[2] D. Groddek, Fragmenta Hethitica dispersa IV, AoF 23 (1996) 299f.

[3] Vgl. S. Košak, Konkordanz der Keilschrifttafeln III/2 (StBoT 43), Wiesbaden 1999, 69 m. Anm. 1.

[4] Zu diesem Gebäude und seiner Bibliothek s. S. Košak, The Palace Library „Building A" on Büyükkale, in FsHouwink ten Cate (1995) 173ff. und S. Alaura, Archive und Bibliotheken in Ḫattuša, in G. Wilhelm (Hrsg.), Akten des IV. Internationalen Kongresses für Hethitologie, Würzburg, 4.-8. Oktober 1999 (StBoT 45), Wiesbaden 2001, 12ff., insb. 25f.

als auch B Abschriften eines nicht erhaltenen mittelhethitischen Ritualtextes sind.

Das ganze Ritual besteht aus sieben Teilen. Am Ende jedes Teils steht ein Doppelstrich, nach dem, wie üblich, der Anfang eines neuen Rituals zu erwarten würde. In der Tat liegt in jedem Ritualteil eine gesonderte Beschwörung vor, die an eine bestimmte Gottheit gerichtet wird. Andererseits haben diese Einzelbeschwörungen miteinander viele Merkmale gemein. Als Anlaß wird eine gemeinsame Ursache genannt: eine Biene, die als schlechtes Vorzeichen für das Königspaar gedeutet wurde. Dies zwang die bedrohten Personen zur Gegenwirkung durch das Ritual für diese Gottheiten, die die Biene hergeschickt haben sollten, überdies noch für andere Götter, deren Aufgabe war, die dem Königspaar drohende Gefahr abzuwenden und das schlechte Vorzeichen in ein günstiges Omen zu verändern.

Die göttlichen Adressaten des Rituals wurden teilweise schon von dem Herausgeber von KBo XI richtig erkannt, s. Inhaltsübersicht (zu Nr. 10), trotzdem wurde es in CTH (Nr. 447) als *Rituel à des divinités infernales* bezeichnet (vgl. auch CHD L-N 17b: *ritual for infernal powers*). Heute läßt sich eine fast völlige Liste jener Adressaten wiederherstellen, die sowohl chthonische als auch himmlische Gottheiten umfaßt.

Der Name und der Beruf des 'Verfassers' des Rituals bleiben unbekannt, vielleicht deshalb, weil der Textanfang nicht erhalten ist. In den hethitischen Beschwörungsritualen erscheint in dieser Rolle meistens eine ^{MUNUS}ŠU.GI „weise Frau"; aus praktischen Gründen wird auch dieses Ritual vorläufig ihr zugeschrieben, was in der Übersetzung zum Ausdruck kommt.

Wie schon bemerkt, unterscheidet sich CTH 447 inhaltlich von anderen Beschwörungsritualen und bleibt somit etwas isoliert. Die einzige Parallele bietet KBo 11.9 (vgl. schon KBo XI, Inhaltsübersicht zu Nr. 10); zu diesem Textfragment s. den philologischen Kommentar. Gewisse Ähnlichkeiten kann man in einer Beschwörung der Unterirdischen (CTH 446) finden[5]. Gegen die Notiz in OLZ 50 (1955) 393 und KBo XI Inhaltsübersicht (zu Nr. 10) ist IBoT 3.147 mit CTH 447 inhaltlich nicht verwandt[6].

Zu notieren sind Unterschiede zwischen den beiden Textexemplaren in der Textverteilung. Der Raum auf der Texttafel B ist offensichtlich besser

---

[5] H. Otten, Eine Beschwörung der Unterirdischen aus Bogazköy, ZA 54 (1961) 114-157.

[6] Zu diesem Text s. H.M. Kümmel, Ersatzrituale für den hethitischen König (StBoT 3), Wiesbaden 1967, 132f. und P. Taracha, Ersetzen 3f., 69.

ausgenützt worden als im Exemplar A. Dies ist insbesondere gut sichtbar, wenn man die Textverteilung auf der Rs. III beider Exemplare vergleicht, und zwar entspricht die Zeile 20 in B III der Zeile 33 in A III. Aus demselben Grund endet der Text auf der Rs. IV des Exemplars B ziemlich weit vor dem Kolumnenende, das übrigens abgebrochen ist.

Vom Exemplar A sind in der Tat nur die Vs. II und Rs. III erhalten, überdies noch geringfügige Zeilenenden auf der Vs. I und Rs. IV. Die wiederhergestellte Vs. I des Exemplars B ist sehr bruchstückhaft und besteht aus kleinen Textfragmenten. Dann ist die fortlaufende Zeilenzählung im mittleren und unteren Teil der I. Kolumne als Versuch anzusprechen. Eine Einarbeitung der wenigen erhaltenen Zeilenenden von A Vs. I in den rekonstruierten Text war nicht möglich. Was die Rs. IV des Exemplars B betrifft, so ist sie nur im oberen und mittleren Teil wiederherzustellen, und der weitere Text bleibt sehr lückenhaft. Für die Textrekonstruktion der Rs. IV sind die Zeilenenden von A IV von Bedeutung gewesen, obwohl die beiden Textexemplare hier voneinander etwas abweichen.

Für alle weiteren Einzelheiten darf man auf die Kommentare verweisen. Die bibliographischen Angaben beschränken sich im Prinzip auf die neueste Literatur.

TEXTUMSCHRIFT

Vs. I (nach B)

Anfang nach KBo 39.39 Vs. I:

x+1 [. . . . .]*Ạ-NẠ*$^{?}$[

2' [. . . .] x x [

3' [. .]x *ḫụ-iš-nu-u*[*z-zi*

4' x x[.]x MUŠEN-*aš* [

5' [. . . . .]x ^{D}*Ḫi-la-aš-š*[*i-*]*iš*$^{?}$[

6' [. . . . .]x ZAG-*az k*[*i-i*]*š-š*[*a-ra-az*[1]

7' [. . . . . .]x SI[G$_{5}^{?}$

8' [. . . . . . . -*i*]*š* x x[

9' [. . ^{D}*Ḫi-l*]*a-aš-ši-iš* x[

10' [*ma*$^{?}$-]*ạ*$^{?}$-*ạn*$^{?}$ *i-da-lu-uš* x[

11' [.]x[. . .]x-*wa-an-za* x[. .]x[

12' [. . . . . .]x x[

Lücke von etwa 20 Zeilen[2].
Fortsetzung nach KBo 41.24 (lk. Kol.)+KBo 20.92 Vs.$^{!}$ I$^{!}$:

33'' -*z*]*i nụ kị-ịš-š*[*a-an me-ma-i*]

34'']x x-*zi nu kat-te-er-ra*

35'']x[3]-*ki-iz-z*[*i n*]*a*$^{?}$-x x x x *kat-ta-an ḫu-i-nu-uš-ki-iz-z*[*i*]

---

[1] Zur Ergänzung vgl. B III 32 ZAG-*az ki-iš-<ša->ra-az* und A III 14f. ZAG-*az* ŠU-*az*.

[2] Nach der Joinskizze liegt dieser Lücke die Vs. II x+1-20' gegenüber.

[3] Vielleicht -*i*]*š* oder -*u*]*š*.

36'' ^{D}*Ḫi-l*]*a-aš-ši-iš* EGỊR-x x x x[4] *na-aš-ta ku-u-un*

37'' -*i*]*n*$^{?}$ *pa-ra-a QA-TAM-MẠ mụ*$^{?}$*-mu*-x x *nu I-N*[*A*$^{?}$

38'' *ḫ*]*ar-ni-ik na-an* SIG$_5$-*an* MUŠEN-*in i-j*[*a*]

39'' [*ma-a-na-at-kán* ^{D}*Ḫi-la-aš-š*]*i-ịš šar-ra-ạt-tạ na*[-

40'' [*nu-ut-ta ú-id-du ke-e-el ŠA* SÍ]SKUR *li-in-ga-i*[*š e-ep-du*][5]

41'' [. . . . .] x x x [

Lücke. Rechts schließt indirekt KBo 11.72 Vs. I an.

45''' [ ]x-*zi*

46''' [ ]SIG$_5$

47''' [ ]

48''' [ ]x

49''' [*k*]*i-ịš-šạ-ạn me-ma-i*

50''' [ ]

51''' [ ]x[. . . . .]

52''' [ ]

53''' [ ]

54''' [. . . . .] x [ ]

55''' [. . . . . -*z*]*i*$^{?}$ *šu-m*[*a-aš*(?) . . . .]x-*tẹ́n*$^{?}$ *nụ-ụš-šị-kạ́n ạr*-x[

56''' [. . . . .]NỊM.LẠ̀L-*aš* x[. . . . . *na-an ku-i*]*š* DINGIR^{LUM} *IŠ-PUR*[6]

---

[4] Vielleicht -*jạ*

[5] Z. 39''f. werden versuchsweise nach B II 39'f. ergänzt.

[6] Ergänzt nach B Rs. III 36.

57''' [-]*a* ZA[G? . . . . -]x-*aš ma-a-na-an*

58''']x

(Unterer Rand)

Vs. II

Anfang nach B = KBo 11.72 Vs. II:

x+1]x-*ạn-zị*

2'] *ú-da-i*

3' *-z*]*i na-at pát-te-iš-ni*

4']x *ti-it-ti-ja-an ú-da-an-z*[*i*]

5'] *pát-te-eš-ni ši-pa-an-ti*

6' [*nu ki-iš-ša-an me-ma-i* . . . . .]x x x[. . . . . . .]x-*aš-ma-aš-kán*

7'] *pẹ́-ra-an*

8']x-*nụ-ụt-tẹ-en*

9' *i-j*]*a*?-*ạt*?-*tẹ-en*

Der weitere Text ist sehr bruchstückhaft[7]. Ab Z. 6'(?) hat er ein besser erhaltenes Duplikat im Exemplar A = KBo 11.10 Vs. II x+1ff.: *i-j*]*a*?-*ạt*?-*tẹ-en*

---

[7] KBo 11.72 Vs. II + KBo 41.24 r. Kol. 11'ff.:
11']x[
12' -]*na*[-
13']x x[

14' *ḫ*]*a-aš-da-i*[*-ma*
15' -]*zi* Í[D?
16']x(-)*ri*?[. . .]x-*aš*?[. . . . .]x
17']EM[E?. .]x x[
18'] x[
19']x[. . . . .] x x[
20' 1 Š[AḪ]x[ ]x [
21' NINDA̮.Ì.E[.DÉ.A *ki-i-ma A-NA* ^{D}*Gul-š*]*a-aš e*[*-eš-du*]

in KBo 11.72 Vs. II 9' scheint *i-ja-at-tén* in KBo 11.10 Vs. II 3' zu entsprechen, und zu *ḫ]a-aš-da-i*[- in KBo 11.72 Vs. II 14' vgl. KBo 11.10 Vs. II 7'.

A = KBo 11.10 Vs. II x+1ff.:

x+1]x-*aš*

2']$^{D?}$*Gụl-ša-aš*

3' -]x-*ni i-ja-at-tén*

4']x *na-ak-ki-ja-az*

5' *nu-uš-ma-aš*]*ú-id-du ke-e-el*

6' [*ŠA* SISKUR *li-in-ki-j*]*a-ạn-zạ e-ep-du*[8]

7' [*nu-za a-da-a*]*n-zi a-ku-wa-an-zi ḫa-aš-ta-i-mu*

8' [*ar-ḫ*]*a wa-ar-nu-wa-an-zi na-at ša-ra-a*

9' [*da-*]*a-i na-at pa-iz-zi* ÍD-*i* EGIR-*an tar-na-i*

10' *nu ki-iš-ša-an me-ma-i ki-i ma-aḫ-ḫa-an u-ri-i-na-an*

11' *na-at* ÍD-*aš pé-e-da-i* ḪUL-*un-na* EME-*an*

12' *ša-ra-a da-a-i na-aš QA-TAM-MA ḫa-a-aš ki-ša-ru*

13' *na-at* ÍD-*aš pa-ra-a pé-e-da-a-i*

14' *nu-uš ar-ra-an-zi*

15' 1 ŠAḪ 1 UDU.NÍTA 1 GU$_4$.APIN.LÁ SIG$_5$-*an-za* NINDA.Ì.E.DÉ.A

16' *ki-i-ma A-NA* ^{D}*Gul-ša-aš* *e-eš-du*

17' EGIR-*an-da-ma ták-na-aš* ^{D}UTU-*i* 1 UDU GE$_6$ 2 UDU BABBAR[9] 9-*an*

18' UDU-*un te-kán pád-da-a-an-zi nu-kán* UDU$^{ḪI.A}$ *kat-ta-an-ta*

---

[8] Z. 5'f. ergänzt nach B II 39'f. (s. unten).

[9] B II 22': 1 [UD]U BABBAR. Die Zahl „1" ist hier als Fehler zu verstehen, vgl. die Bilanz A III 31, wo zwei weiße Schafe genannt werden.

19' *ši-ip-pa-an-da-an-zi nu ki-iš-ša-an me-ma-i*

20' *ták-na-aš* ^{D}UTU-*uš an-tu-uḫ-ša-ša-az an-tu-wa-aḫ-ḫa-an* <*da-a-i*>[10]

21' *ta-an ḫu*$^{!}$(Text: *ḫa*)-*iš-nu-uz-zi zi-ik-ka*$_4$ KI-*aš*$^{!}$ ^{D}UTU-*uš*

22' *ku-u-un* NIM.LÀL-*an ku-in u-i-e-eš nu-ut-ta*

23' *ka-a-ša* LUGAL-*uš* MUNUS.LUGAL-*aš ke-e-el ŠA* NIM.LÀL

24' *maš-kán ku-u-un* SISKUR *pé-eš-kán-zi*[11]

25' [*z*]*i-ik-ka*$_4$-*an* KI-*aš* ^{D}UTU-*uš ma-a-an* ḪUL-*an-ni-ja*[12]

26' [(*u-i-*)]*e-eš ki-nu-na-an-kán wa-aḫ-nu-ut na-an* SIG$_5$-*in*

27' MUŠEN-*in i-ja nu A-NA* LUGAL MUNUS.LUGAL DUMU<.NITA>^{MEŠ} DUMU.MUNUS^{MEŠ} DUMU.DUMU^{MEŠ}-*ŠU-NU*

28' *pa-a-i nu-uš-ma-aš* ^{LÚ}ŠU<.GI>-*tar* ^{MUNUS}ŠU.GI<-*tar*> *pa-a-i*

29' *ku-iš-ša-an* UDU$^{ḪI.A}$-*aš ḫu-li-ja-aš*[13] *nu-uš* LUGAL-*i* MUNUS.LUGAL-*ri*

30' MU$^{KAM\ ḪI.A}$ GÍD.DA *pa-a-i*[14] *nam-ma-at A-NA* LUGAL-*i*

31' [(*gi-i*)]*m-ri tar-ḫu-i-la-tar pa-a-i nu-uš-ši* KUR$^{ḪI.A-TIM}$

32' [(*ku-i-e-eš ku-*)]*ų-rų-r*[(*a-*)*a*]*š nu-uš-ši a-pé-e* $^{UZU!}$*ge-nu-wa-aš-ša-an*

33' [(*kat-ta-an ú-i*)]*d-du*[15] *na-aš-ta* KI-*aš*[16] ^{D}UTU-*uš*

---

[10] B II 25': *an-tu-uḫ-ša-a*[*n da-a-i*(?)], s. den Kommentar.

[11] B II 28': SÍSKUR *pí-iš-kán-zi.*

[12] B II 29': *i-da-la-u-wa-an-ni-ja.*

[13] B II 33': *ku-iš-ša-a*[*š-š*]*a-an* UDU$^{ḪI.A}$-*aš* SÍG-*aš*; vgl. auch B III 42 *ku*<-*i*>-*ša-aš-ša-an* UDU^{Ḫ}[$^{I.A}$-*aš* SÍG-*aš*].

[14] B II 33'f.: *nu-uš* LUGAL-*i* MUNUS.LUGAL-*i ta-lu-ga-uš* (34') MU$^{ḪI.A}$-*uš pa-a-i.*

[15] B II 35'f.: *nu-uš-ši ku-u-ru-ra ku-i-e-eš* KUR.KUR^{TIM} *nu-uš-ši a-pé-e-a ge-e-nu-wa-aš-ša-an* (36') *kat-ta-an ú-id-du.*

[16] B II 36': *ták-na-aš.*

34' [(*ki-i ut-tar aš-nu-ut n*)]*a-at* SIG$_5$-*in i-ja*

Fortsetzung nach B Vs. II 38'ff.:

38' *ma-a-na-at-kán ták-na-aš* ^{D}UTU-*uš šar-ra-at-ta-ma nu-uš-ša-an*

39' LUGAL-*i* MUNUS.LUGAL-*i*[17] <*Ú-UL*> *ḫar-ap-ši*[18] *nu-ut-ta ú-it-tu*$_4$ *ke-e-el ŠA* SÍSKUR

40' [*l*]*i-in-ki-ja-an-za e-ep-du*[19]

41' [*t*]*a A-NA* 3 UDU$^{HI.A}$ *šu-up-pa da-an-zi* ^{UZU}NÍG.GIG ^{UZ}[^{U}ŠÀ ^{UZ}]^{U}ÉLLAG.GÙN.A

42' [*ḫa-a*]*p-pí-ni-it za-nu-wa-an-zi*[20] 9 NINDA.GUR$_4$.RA NINDA.Ì.E.DÉ.A *ḫ*[*a-at-te-eš*(*-ni*[21] *ú-da-a-a*)]*n-zi*

43' *nu-kán kat-ta-an-ta ši-pa-an-ti* UZU$^{HI.A}$-*ma*[22] *za-nu-an*[*-zi*]

44' GÌR$^{HI.A}$ *še-ša-an-na*[23] *Ú-UL pé-eš-ši-an-zi na-at ḫ*[*a-*(*at-te-eš-ni*)[24]]

45' *še-er ti-an-zi na-aš-ta ku-e-ez-zi*[25] *te-pu z*[*é- . . . . na*(*-at-kán*)]

46' *kat-ta-an-da ši-pa-an-da-an-zi*[26] *nu ki-i*[*š-š*(*a-an me-ma-i*)]

---

[17] A II 36': wohl MUNUS.LUGAL-*j*]*a*.

[18] A II 36': *ḫa-ar-ap-ši*. HW^2 III 331b ergänzt B II 38'f. … *nu-uš-ša-an* <*Ú-UL*> (39') LUGAL-*i* MUNUS.LUGAL-*i ḫar-ap-ši* …, wohl deshalb, weil in der Autographie des Duplikats A II 36' der Zeichenrest nach der Lücke vor *ḫa-ar-ap-ši* eher an -*j*]*a* als an -*U*]*L* erinnert.

[19] In A ist mit Z. 38' der untere Tafelrand erreicht. Ab Z. 41' wird B durch A Rs. III 1ff. dupliziert.

[20] A III 2:]*za-a-nu-an-zi*.

[21] Rekonstruiert nach dem Zeichenrest vor der Lücke; vgl. Z. 44'.

[22] A III 4: ^{UZU}Ì-*ma*.

[23] A III 5: G]ÌR^{MEŠ} *še-e-ša-a-an-na*.

[24] Rekonstruiert nach dem Zeichenrest vor der Lücke und Z. 42'. A III 6: *pát-te-eš-ni*.

[25] A III 7: *ku-e-ez-zi-ja*.

[26] A III 8: *ši-ip-pa-an-ti*.

Fortsetzung nach dem besser erhaltenen A Rs. III 10ff.:

10 [(*ták-n*)]*a-aš* ^{D}UTU-*uš ka-a-ša* LUGAL MUNUS.LUGAL GE$_{6}$-*in* KI-*an*

11 *pár-ki-ja-an-ta-at na-aš-ta*[27] MUŠEN$^{ḪI.A}$-*aš* SÍSKUR

12 9 UDU$^{ḪI.A}$ 9 NINDA.GUR$_{4}$.RA 9 ^{DUG}*iš-pa-an-du-uz-zi* ZAG-*az*[28]

13 *nu-uš-ma-aš ták-na-aš* ^{D}UTU-*uš* ZAG-*an* ^{UZU}GEŠTU-*na-an*

14 *pa-ra-a e-ep nu-uš-ma-aš-kán ki-i* SISKUR ZAG-*az*

15 ŠU-*az ar-ḫa da-a na-aš ma-a-an* ḪUL-*uš* MUŠEN-*iš*[29]

16 *zi-ga-an* KI-*aš* ^{D}UTU-*uš wa-aḫ-nu-ut na-an* 9-*ŠU*

17 SIG$_{5}$-*in*[30] MUŠEN-*in i-ja* EME-*aš-wa* ^{GIŠ}*ar-mi-iz-zi*[31]

---

18 *na-aš-ta* KI-*aš*[32] ^{D}UTU-*uš i-ja-an-ni nu ḫu-u-ma-an*

19 SIG$_{5}$-*in i-ja na-at-kán aš-nu-ut ma-a-na-at-kán*

20 *Ú-UL-ma aš-nu-ši nu-ut-ta ú-id-du ki-i*<*-el*> *ŠA* SÍSKUR

21 *NI-EŠ* DINGIR^{LIM} *tu-uk ták-na-aš* ^{D}UTU-*un*[33] *e-ep-du*

---

22 *nu-za a-da-an-zi a-ku-wa-an-zi-ma* 9-*ŠU*

23 *ták-na-aš-pát* ^{D}UTU-*un ḫa-aš-ta-i wa-ar-nu-wa-an-zi*[34]

24 *nam-ma-at ša-ra-a da-a-i na-at pa-iz-zi* ÍD<*-pa*>

25 *iš-ḫu-u-wa-i*[35] *nu ki-iš-ša-an me-ma-i*

---

[27] B II 48': *nu-ut-ta.*

[28] Ab Z. 13 dupliziert von B Rs. III 1ff.

[29] A III 13ff.: Dupl. B III 1f. weicht hier ab: (1) *nu-ụš-m*[*a-aš* (2) *nu-uš-ma-aš-kán ar-ḫa d*[*a-a* . . .] (Abschnittsstrich) (3) *na-aš ma-a-an ị-da-lu-ša*[MUŠEN-*iš* . . .

[30] B III 4: SIG$_{5}$-*an.*

[31] B III 5: *la-la-aš-wa ar-mi-iz-zi.* In B fehlt der Abschnittsstrich nach Z. 5.

[32] B III 5: *ták-na-aš.*

[33] B III 9: ^{D}UTU-*uš.*

[34] B III 11: *ḫa-aš-da-i-ma wa-ar-nu-an-zi.*

[35] Z. 24 emendiert nach B III 12: ÍD-*pa iš-ḫu-a-i.*

26 *ki-i ma-aḫ-ḫa-an u-re-e-na-an-da ḫa-a-aš-ta-i*

27 ÍD *pé-e-da-a-i*[36] ḪUL-*un-na* EME-*an* ḪUL-*un*

28 MUŠEN-*in QA-TAM-MA wa-ar-nu-wa-an-du na-aš QA-TAM-MA*

29 *ḫa-aš-ta-a-i ki-ša-ru nu-uš ki-iš-ša-an pa-ra-a* ÍD-*aš*

30 *pé-e-da-a-ú nu-uš ar-ḫa ḫar-ni-ik-tu*$_4$[37]

---

31 1 UDU GE$_6$ 2 UDU BABBAR 9 NINDA.GUR$_4$.RA[38] NINDA.Ì.E.DÉ.A *me-ma-al ki-i-ma*

32 [(*ták-*)]*na-aš*[39] ^{D}UTU-*i pí-an-z*[(*i*)]

Fortsetzung nach B Rs. III 20ff.:

20 [*I-NA* UD.2^{K}]^{AM} *I-NA* ŠÀ ^{GIŠ}TIR $^{\text{NA4}}$*ḫu-wa-ši ti-it-ta-nu-zi*

21 [(*nu A-NẠ*) DINGIR^{LI}]^{M}[40] 1 UDU 1 UDU *ḫa-li-wa-ra-an* 1 SILA$_4$ *ḫu-kán-zi*

22 [(*nu k*)*i-iš-š*]*a-an me-ma-i*[41] *du-wa-ad-du* ^{D}UTU-*uš ḫu-u-ma-an*

23 [*tu-e-el* ^{D}UTU-]*aš ma-ni-ja-aḫ-ḫa-iš* KUR.KUR^{TIM} *zi-ik*

24 [*ma-ni-ja-aḫ-*]*ḫi-iš-ki-ši nu-za an-tu-uḫ-ša-aš* DUMU.LÚ.U$_{19}$.LU

25 [EGIR-*pa*(?)]*da-a-i* LUGAL-*ša* MUNUS.LUGAL-*aš tu-uk* ^{D}UTU-*un*

26 [. . . . .]x *nu ku-in ku-u-un* NIM.LÀL *u-i-e-eš*

---

[36] B III (nach dem Abschnittsstrich) Z. 13f.: [*k*]*i-i ma-aḫ-ḫa-an ú-re-e-na-an-ta ḫa-aš-ta-i* ÍD-*aš* (14)[*p*]*é-e-da-i.*

[37] B III 14ff. ... *i-da-lu-un-na* EME-*an i-da-lu-un* MUŠEN-*in* (15) [*Q*]*A-TAM-MA wa-ar-nu-an-du na-aš QA-TAM-MA ḫa-aš-da-i ki-i-ša-ru* (16) [*n*]*u-uš ki-iš-ša-an pa-ra-a* ÍD-*aš pé-e-da-ú* [*nu-*]*uš ar-ḫa ḫar-ni-ik-du* (Doppelstrich).

[38] B III 18: NINDA.GUR$_4$.RA$^{\text{ḪI.A}}$.

[39] B III 19: *ták-na-a-aš.*

[40] Oder – gegen den Zeichenrest nach der Lücke – eher [(*nu A-NA*) ^{d}UT]U?

[41] Mit diesen Wörtern endet der lesbare Teil des Duplikats A !III.

27 [*nu-ut-ta k*]*a-a-ša* LUGAL MUNUS.LUGAL *ke-e-el ŠA* NIM.LÀL

28 [*maš-kán ku-*]*u̥-un* SÍSKUR 9-*an pa-iš*

29 [. . . . . *z*]*i-ik* ^{D}UTU-*uš nu-ú ḫal-za-i*

---

30 [*nu-uš-ma-aš iš-*]*ta-ma-aš-ša-an-ta-an* GEŠTU-*an pa-ra-a* [*e-ep*]

31 [*nu-uš-ma-aš-ká*]*n an-da* SIG$_5$-*an-te-et* IGI$^{HI.A}$-*i̥t* [*uš-ki*]

32 [*nu-kán ku-u-un* SÍSKUR *a*]*r- ḫa* ZAG-*az ki-iš-*<*ša-*>*ra-az da-ḁ*

33 [. . . . .] ^{D}UTU-*uš wa-aḫ-nu-ut na-aš ma-a-a*[*n*]

34 [*i-da-lu-uš* MUŠEN-*iš na-an* SIG$_5$-*a*]*n i-ja ma-a-na-aš*
SIG$_5$-*an-za-m*[*a*]

35 [*na-an* ^{D}UTU-*uš* . . . .] 9-*ŠU* SIG$_5$-*an i-ja*

---

36 [. . . . . *na-an k*]*u-iš* DINGIR^{LUM} *IŠ-PUR nu-za* ^{D}[UTU-*uš*

37 [. . . .]x-*mu-uš ge-e-nu e-ep*

38 [. . . . *z*]*i-ik* ^{D}UTU-*uš mi-nu-ut*

39 [. . . . *wa-a*]*ḫ-nu-ud-du na-an* SIG$_5$-*an*

40 [. . . .]-*du*

---

41 [*nu* LUGAL-*i* MUNUS.LUGAL-*ja* DUMU.NITA^{MEŠ}] DUMU.MUNUS^{MEŠ}
DUMU.DUMU<^{MEŠ}>-*ŠU-NU pa*<*-a*>*-i*

42 [*nu-uš-ma-aš* ^{LÚ}ŠU.GI-*tar* ^{MUNUS}ŠU.G]I-*tar pa-a-i ku-*<*i-*>*ša-aš-ša-an*
UDU^{H}[$^{I.A}$-*aš*]

43 [SÍG-*aš*[42] *nu-uš* LUGAL-*i* MUNUS.LUGAL-]*i ta-lu-ga-uš* MU$^{HI.A}$ -*uš*
pa<*-a*>*-i*

44 [. . . . -*i*]*š-ki-iz-zi* LUGAL-*ša*
MUNUS.LUGAL-*aš-ša*

45 [. . . .]*ḫu-iš-wa-an-ni-it-ta*
ga-pa-li-an-du

---

[42] Ergänzt nach B II 33'.

46 [. . . .]x *nu-uš ú-da-an-zi*
47 [. . . .]x-*zi-ja* *ḫa-ap-pí-na-az-za*
48 [. . . . *nu-z*]*a a-da-an-zi*
49 [*a-ku-an-zi ḫa-aš-ta-i-ma wa-ar-nu-an-zi* . . . .]x *iš-ḫu-an-zị*
50 [. . . .]

---

51 [. . . .]x ỤDU *n*[*a*$^?$ . . . -*a*]*n*

(Bruch)

Rs. IV (nach B)

Anfang nach KBo 20.92 Rs.$^!$ IV$^!$ +KBo 11.72 Rs. IV 1ff.:

---

1 [1 UDU 1 UDU *ḫa-l*]*i*[-*w*]*a-ra-aš* 1 SILA$_4$ 9 NINDA.GỤR$_4$.R[A$^{ḪI.A}$ NINDA.Ì.]Ẹ.DẸ́.Ạ
2 [*me-ma-a*]*l ki-i-ma A-NA* ^{D}UTU[[-*aš*]] *pí-an*[-*zi*]

---

3 *I-NA* ^{GIŠ}MÚ.SAR[-*za*$^?$ 2(?) GI]Š-*ru ša-ku-wa-an-zi n*[*u ku-e-*]*da-ni-ja*
4 GIŠ-*i kat-ta-an* [. . . .]x *ti-an-zi nu A-NA* [^{D}I]ŠKUR *ŠA-ME-E*
5 1 UDU.NÍTA 1 UDU.SÍ[G+MUNUS 1 GU$_4$.MAḪ] *ḫu-u-kán-zi* *nu-uš*[-*š*]*a-an ḫal-zi-an-zi*
6 [*n*]*u ki-iš-ša-an* [*me-ma-i du-*]*wa-ad-du* ^{D}IŠKỤR *ne-pí-ša-aš* LUGAL-*uš*
7 [*m*]*a-aḫ-ḫa-an ne*[-*pí-iš te-*]*ẹ-kán* Ḫ[UR.SAG^{ME}]^{Š}-*uš-ša* DINGIR^{MEŠ}-*mu-uš*
8 [*m*]*a-ni-ja-aḫ-ḫi-iš-ki*[-*ši nu A-N*]*A ke-e*[-*el* SÍSKUR NI]M.LÀL-*ri* *pé-ra-an*
9 ^{D}IŠKUR-*aš ti-i-ja nạ*[-*an ku-i*]*š* DINGIR^{L}[^{UM} *IŠ-PUR nu-u*]*š*$^?$-*šị*$^?$-*iš-ta*

10 [. . .]x x x x x *le-e ku-it-ki* [. . . . .]x[43]

11 [. . . . .]GỊ-*aš ḫa-an-za ẹ*[*-e*(*p*)]

---

12 [*na-a*]*n wa-aḫ-nu-ut na-an* S[IG$_5$-*an* MUŠEN-*i*(*n*) *i-ja*]

13 [*nu* LU]GAL-*i* MUNUS.LUGAL-*ja* DUMU.NITA^{MEŠ} [DUMU.MUNUS(^{MEŠ}) DUMU.DUMU^{MEŠ}-*ŠU-NU pa-a-i*]

14 [*nu-uš-m*]*a-aš* ^{LÚ}ŠU.GI-*tar* ^{MUNUS}ŠU.G[I(*-tar*) *pa-a-i*]

15 [*ku-i*]*t* UDU$^{ḪI.A}$-*aš pa-an-kur*[44] LUGAL-*i-ma* MUNUS.L[UGAL-*ja* *ta-lu-ga-uš* MU$^{Ḫ(I.A)}$-*uš pa-a-i*][45]

---

16 [*nu š*]*u-up-pa ti-an-zi* 9 NINDA.GUR$_4$.RẠ$^{ḪI.A}$ *pár-ši-j*[*a*(*-an-da*)[46] ^{D}IŠKUR *ŠA-ME-E*]

17 [*e-ku-*]*zi nu-za a-da-an-zi ḫa-aš*[*-d*]*a-i-ma nam-ma-p*[*át* *wa-ar-nu-an-z*(*i*)]

18 [*Š*]*A* ^{D}IŠKUR *ŠA-ME-E* SÍSKUR *QA-TI*

---

19 3 NINDA.GUR$_4$.RA 1 SILA$_4$.NÍTA 1 UDU.ŠIR 1 GU$_4$.MAḪ *A-NA* ^{D}U *ŠA-ME-E pí-an*[*-zi*][47]

---

20 *A-NA* ^{D}IŠKUR ^{URU}*ZI-IP-PA-LA-ẠN-DA* É-*ri-pát an-da i-en-z*[*i*][48]

---

[43] KBo 11.72 Rs. IV endet hier. Ab Z. 11 setzt das Duplikat A Rs. IV ein; zu Abweichungen zwischen beiden Exemplaren s. den Kommentar.

[44] A IV 6f.: [...*ku-it ŠA* GU$_4$.M]AḪ(7') [*pa-an-kur* ...].

[45] A IV 7': MU^{Ḫ}]$^{I.A}$ GÍD.DA, dann folgt vor dem Abschnittsstrich noch die Zeile 8', die mit *-š*]*i-an-da* endet; zu ihrer Rekonstruktion s. den Kommentar. Hier schließt an B KBo 39.131 an; zur Umschrift von Z. 15-20 (noch ohne KBo 34.170) vgl. D. Groddek, AoF 23 (1996) 299f.

[46] A IV 8': *pár-š*]*i-an-da*.

[47] Hier schließt KBo 34.170 an. In A IV folgt die Aufzählung der dem Wettergott des Himmels geopferten Dickbrote und Tiere noch vor der Formel ... SÍSKUR *QA-TI* und dem Doppelstrich, vgl. den Kommentar.

[48] KBo 39.131 endet hier.

21 [*nu-k*]*án* 1 UDU.NÍTA 1 GU$_4$ *šar-lu-u-mạ-aš*[49] *ḫal-zi-an-zi-ma-at* 9-*an*

22 [*nu ki-i*]*š-šạ-an me-ma-i* ^{D}IŠKUR ^{URU}*ZI-IP-LA-AN-DA*

23 [*ka-a-ša-at-ta* LUGAL-]*ụš* MUNUS.LUGAL-*aš* NỊM.LÀL SÍSKUR[[-*aš*]] *pa-iš*[50]

24 [. . . .]x x *nu*$^?$ x x x-*ạn-pát QA-TAM-MA kap-pu-u-wạ-š*[*i*]

---

25 [ ] x x x x [[51]

Lücke von etwa 4 Zeilen. Fortsetzung nach KBo 39.39 Rs. IV:

30' [. . . .] x [

31' [. . . . .] 1 GU$_4$ *š*[*ar-lu-u-ma-aš*

32' [. . . . .]x GỊŠ$^?$-*ru I-NẠ*[

33' [. . . . .]x x[. . . .]x[

Lücke von 3 Zeilen.

37'' [. . . . .]x[. . .] x x *ḫụ*$^?$-*u*-x[

38'' [. . . . .]x[. . . . .]x x x x[

39'' [. . . . .] x x [

40'' [. . . . . .]x-*ḫạ*$^?$-*jạ*$^?$ x x x[. .]x-*uḫ-ši* x[

---

[49] A IV 14': 1 GU$_4$ *šar-*]*lu-ma-na-aš*.

[50] Hier endet KBo 20.92 Rs.$^!$ IV$^!$.

[51] Hier endet KBo 34.170.

41" [. . . . . .]x *ḫu-iš-nu-zi tu-ga-az* ^{D}x[

42" [. . *ŠA*? N]IM.LẠ̀L *ku-u-un* SÍSKUR *pí-i-ẹ*[*-er*

43" [. . . . .]x x-*ma-aš* x-x *na-an wa-aḫ-nu-u*[*t*

44" [. . .]x[. .]x *nu nam-ma-pát ḫu-u-ma-a*[*n*

45" *nu-kán ḫ*[*u-*]*ụ-ma-an QA-TAM-MA aš-š*[*a-nu-ut*]

46" 2 MẠ́Š[.G]AL *dam-na-aš-ša-ru-uš*[x MÁŠ.GAL]

47" *gị-ịm-ra-aš* *pí-an-z*[*i*]

48" [. . .] *nu QA-TI*[

(leer)

ÜBERSETZUNG

Vs. I. Der Anfang der I. Kol., d.h. das Textfragment KBo 39.39 Vs. I x+1ff., ist zu bruchstückhaft für eine Übersetzung. Z. x+1-4' erinnern an A III 20'ff. und B III 24ff.; zu Vs. I 5'ff. vgl. A III 11ff. und B III 30ff.

Nach einer Lücke folgt KBo 41.24 Vs. lk. Kol. + KBo 20.92 Vs.! I!, das auch sehr lückenhaft erhalten ist:

33" ... -]t (sie), dann spricht (sie) folgendermassen:

34" „[......................... -]t er und unteres(?)
35" pflegt er zu ... -]en, dann (ihn) unten/bei ... zum Laufen veranläßt(?) er.
36" ihn/sie, Ḫil]ašši, wieder ...-e, dann diese(n)
37"] .... Und i[n(?)
38" ihn/sie ve]rnichte, und mache ihn/sie zu einem günstigen Vogel!

39" [Wenn du es, Ḫilašš]i, brichst, und [
40" [soll es dir geschehen, (daß) der Eid(gott) dieses Rituals [dich packt!]".

41"] ... [

Nach einer Lücke folgt der weitere Text, der zu bruchstückhaft für eine Übersetzung ist. Zu einzelnen Wörtern vgl. den Kommentar.

Vs. II:

Anfang nach B = KBo 11.72 Vs. II x+1ff.:

x+1 ... -]t man.
2']bringt (sie her).
3' ... -]t (sie), und in die Grube
4'] ... bringt man (her).
5'] in die Grube opfert (sie).

6' [Dann spricht (sie) folgendermassen: „] ... [......] euch

7'] vor
8' -]t ihr!
9'] macht ihr!"

Fortsetzung nach A = KBo 11.10 Vs. II x+1 (Z. 3' entspricht wohl B II 9', s. Bemerkungen in der Umschrift):

x+1 . . .]
2' „. . .]für die Gulš-Gottheiten
3'] . . . macht ihr!
4']aus dem schwierigen
5' [. . . . ., soll es euch] geschehen, (daß euch)
6' der [Eid]gott dieses [Rituals] packt!"

7' [Sie ess]en und trinken, Knochen aber
8' verbrennen sie. (Sie) hebt es
9' auf, geht und läßt es in den Fluß hinein.
10' (Dazu) spricht (sie) folgendermassen: „Wie dies verbrannt (ist)
11' und der Fluß es forträgt" – und (sie) nimmt die böse Zunge
12' auf – „so soll sie ebenso zur Asche werden (und)
13' der Fluß wird es forttragen!"
14' Man wäscht sie (den Rest der Aschen?) ab.

15' Ein Schwein, ein Widder, ein gutes Pflugrind, Rührkuchen:
16' Dies aber soll für die Gulš-Gottheiten sein!

17' Danach aber (bereitet man vor) für die Sonnengöttin der Erde ein schwarzes Schaf und zwei weiße Schafe – neunmal (gute?)
18' Schafe. Man gräbt die Erde auf und opfert die Schafe
19' hinab. Dann spricht (sie) folgendermassen:

20' „Sonnengöttin der Erde! Der Mensch nimmt sich des Menschen an
21' und errettet ihn. Und du, Sonnengöttin der Erde,
22' (was betrifft) die Biene, die du schicktest – siehe, dir
23' pflegen König und Königin dieses Opfer
24' (als) Versöhnungsgabe (in bezug auf die) Biene darzubringen.

25' Wenn du sie (sc. die Biene), Sonnengöttin der Erde,

26' im Bösen herschicktest, verändere sie jetzt und mache sie
27' zum günstigen Vogel! Gib dem König und der Königin Söhne, Töchter
28' und ihre Enkel! Gib ihnen den Greisenalter des Mannes und der Frau!

29' Die Wolle[1] der Schafe, die auf (ihnen ist, ist lang; so) gib dem König
30' und der Königin sie, die langen Jahre. Ferner gib dem König
31' Heldenmut im Feld! Dann ihm die Länder, die des Feindes
32' (sind),[2] sie sollen ihm zu seinen Knien
33' kommen! Dann, Sonnengöttin der Erde,
34' besorge diese Angelegenheit! Mache sie günstig!

Fortsetzung nach B Vs. II 38'ff.:

38' Wenn du aber, Sonnengöttin der Erde, das brichst und dich <nicht> helfend
39' dem König und der Königin stellst, soll es dir geschehen, (daß) dich
40' der Eidgott dieses Rituals packt!"

41' Sie nehmen das Fleisch von drei Schafen. Leber, [Herz] und „bunte Niere"
42' grillt man auf offener Flamme. Man [brin]gt neun Dickbrote und Rührkuchen zu[r Grube],
43' dann sie opfert (es) hinab. Fleisch (Dupl.: Fett) aber kocht man [ ],
44' Füße und Haut (oder: Schwänze?) wirft man nicht (hinein). Und man legt es
45' auf die Grube. Dann von jedem ein wenig ..[. Und]
46' man opfert es hinab[3]. Dann spricht (sie) folgendermassen:

Fortsetzung nach A Rs. III 10ff.:

10 „Sonnengöttin der Erde, siehe! König und Königin haben sich (in Bezug auf)
11 die dunkle Erde erhoben. (Das ist)[4] das Opfer der Vögel:

---

[1] B II 33': „Und die Wolle ..."; vgl. ferner B III 42.

[2] B II 35': „Und auch die Länder, die ihm feindlich (sind), auch sie sollen ...". S. den philologischen Kommentar.

[3] A III 8: „Und] (sie) opfert (es) hinab".

[4] B II 48': „Für dich (ist) ...".

12 neun Schafe, neun Dickbrote, neun (Wein)rationen (befinden sich) von rechts,
13 (so) halte ihnen, Sonnengöttin der Erde, das rechte Ohr hin
14 und nimm von ihnen dieses Opfer mit der rechten
15 Hand ab. Wenn sie (sc. die Biene) ein schlechter Vogel (ist),
16 verändere du ihn, Sonnengöttin der Erde, und mache ihn neunmal
17 zum günstigen Vogel! (Man sagt:) «Zunge ist Brücke»,

---

18 (so) gehe, Sonnengöttin der Erde, (darüber) und mache
19 alles günstig! Besorge es! Wenn du es aber
20 nicht besorgst, soll es dir geschehen, (daß) der Eidgott dieses Rituals
21 dich, die Sonnengöttin der Erde[5], packt!"

---

22 Sie essen; sie trinken neunmal eben
23 die Sonnegöttin der Erde. Knochen aber verbrennen sie.
24 Dann nimmt (sie) es auf, geht und schüttet es
25 in den Fluß. Und (sie) spricht folgendermassen:

---

26 „Wie der Fluß diese verbrannten Knochen
27 fortträgt, so sollen sie auch die böse Zunge,
28 (und) den schlechten Vogel verbrennen, und er soll
29 ebenso zu Knochen werden! Der Fluß soll sie
30 in dieser Weise forttragen und sie vernichten!"

---

31 Ein schwarzes Schaf, zwei weiße Schafe, neun Dickbrote, Rührkuchen, Grütze:
32 dieses geben sie der Sonnengöttin der Erde.

Fortsetzung nach B Rs. III 20ff.:

20 [Am zweiten Ta]g stellt man inmitten des Waldes eine Kultstele hin.
21 Für den [(Sonnen?-)Go]tt schlachtet man ein Schaf, ein Schaf *ḫaliwara-* und ein Lamm.
22 (Sie) spricht [folgen]dermassen: „Gnade, Sonnengott! Alles (ist)
23 [dein, des Sonnengott]es, Verwaltungsbezirk. Du [re]gierst
24 die Länder. Der Mensch nimmt sich des Menschen
25 [wieder(?)] an, und das Königspaar dich, den Sonnengott,

---

[5] B III 9: „dich, Sonnengöttin der Erde, ...".

26 [. . . . . .].. (In bezug auf) die Biene, die du herschicktest,
27 siehe! Das Königspaar hat [dir] dieses Opfer der Biene
28 [(als) Gabe] neunmal gegeben.
29 [. . . . . D]u, Sonnengott, rufe „*nū*"!

---

30 [Halte ihnen das hö]rende Ohr hin!
31 [Siehe sie] darin mit gütigen Augen an!
32 Nimm [dieses Opfer] mit der rechten Hand ab
33 [und diese Biene(?)], Sonnengott, verändere! Wenn sie
34 [ein schlechter Vogel(?) ist], mache sie zum günstigen (Vogel)! Wenn sie aber
35 ein günstiger ist, mache [sie, Sonnengott . . . .], neunmal zum günstigen (Vogel)

---

36 [Ist das aber ein anderer] Gott, der [sie] herschickte, (so du) dich, [Sonnengott,
37 [. . . . .] ..... ergreife Knie
38 [. . . . . ihn] du, Sonnengott, besänftige!
39 [Er soll diese Biene(?) ver]ändern und sie zum günstigen (Vogel) machen!
40 [Er soll . . . . -]en!

---

41 Gib [dem König und der Königin Söhne,] Töchter und ihre Enkel!
42 Gib [ihnen den Greisenalter des Mannes und der F]rau! Und [die Wolle] der Schafe, die auf (ihnen ist, ist lang, so)
43 gib [dem König und der König]in [sie], die langen Jahre!
44 [. . . . . pflegt zu . . . -]en, (so) sollen auch König und Königin
45 [. . . .] und mit dem Leben .....-en!"

---

46 [. . . .]... Man bringt sie her
47 [. . . .]... und aus der offenen Flamme
48 [. . . . Dann] sie essen
49 [und trinken. Knochen aber verbrennen sie (und) . . . .] schütten sie aus.
50 [. . . .]

---

51 [. . . .].. Schaf(e). Dan[n(?) . .] ..

Rs. IV

---

1 [Ein Schaf, ein Schaf *ḫal*]*iwara*-, ein Lamm, neun Dickbrote, Rührkuchen,
2 [Grüt]ze: dieses opfern sie dem Sonnengott.

---

3 Im Garten suchen sie [zwei(?) Bäu]me aus, und sie stellen
4 unter [jed]em Baum [. . .].. hin. Für den Wettergott des Himmels
5 schlachten sie einen Schafbock, ein (weibliches) Scha[f und einen Stier]. Und sie rufen.
6 (Dann) [spricht] (sie) folgendermassen: „Gnade, Wettergott, König des Himmels!
7 Wie du Himmel, Erde und Berge (und) Götter
8 regierst, (ebenso) tritt, Wettergott, vor die Biene
9 dieses Rituals. Der Gott, [der sie schickte, ih]m(?)
10 [. . . . .] nichts [
11 [. . . . . . .] .... überpr[üfe(?)!]

---

12 Verändere [si]e (sc. die Biene) und [mache] sie zum gü[nstigen Vogel!]
13 [Gib dem Kö]nig und der Königin Söhne, [Töchter und ihre Enkel!]
14 [Gib ihn]en den Greisenalter des Mannes und der Frau!
15 Und das Haar der Schafe, [das] (sie haben[6], ist lang); [so gib] dem König und der Kön[igin die langen Jahre!]"

---

16 Dann legt man Fleisch, neun Dickbrote werden gebro[chen. Man „trin]kt"
17 [den Wettergott des Himmels]. Sie essen, Knochen aber [verbrennen sie] wieder (ebenso).
18 Das Ritual für den Wettergott des Himmels ist zu Ende.

---

19 Drei Dickbrote, ein (männliches) Lamm, einen Widder (und) einen Stier geben sie dem Wettergott des Himmels.

---

[6] A IV 6'f: [Das Haar des] Stieres, [das er hat, ...].

20 Für den Wettergott von Zippalanda wird (das Ritual) ebenso im Hause vollzogen.
21 Einen Widder (und) ein Rind *šarluma-* (bereitet man vor). Sie rufen das aber neunmal.
22 Dann spricht (sie) folgendermassen: „Wettergott von Zippalanda,
23 siehe! Das Königspaar hat dir das Opfer der Biene gegeben.
24 [. . . . . .] . . . . ebenso nimmst du dich gerade seiner an".

Lücke

31' [. . . . .] ein Rind *š[arluma-*

Z. 32'-39" sind zu lückenhaft für eine Übersetzung.

40" „[Gott Ta]ḫaja(?)! ... [dem Men]schen(?) ..[
41" [. . . . .] errettet. Dir, Gott T[aḫaja(?)], haben [der König]
42" [und Königin] dieses Opfer der Biene gegeb[en].
43" [. . . .] ... ihnen .... Verändere sie (sc. die Biene)[
44" [. . . . .].. Und alles wieder [
45" Dann besorge alles ebenso!"

46" Zwei Hausziegenböcke [und . . Ziegenböcke(?)]
47" des Feldes gibt man (dem Gott).

48" [. . .] Zu Ende. [

PHILOLOGISCHER KOMMENTAR

In diesem Kapitel werden Fragen der Lesung, Übersetzung und Wortbildung diskutiert, überdies versucht man einzelne, insbesondere lückenhafte Passagen zu klären. In dieser Weise wird auch der inhaltliche Verlauf des ganzen Rituals zum großen Teil wiederhergestellt. Es sei dabei bemerkt, daß das Philologische und das Sachliche gelegentlich nicht anstandslos getrennt werden können; folglich sind in diesem Kapitel auch sachliche Erläuterungen zu finden.

B I: Im oberen Teil der Kol. I, die mit dem Textfragment KBo 39.39 Vs. I anfängt, liegt das Beschwörungsritual für den Gott Ḫilašši vor. Der GN erscheint in B I 5', 9', ferner auch in I 36" und 39". Der Ritualtext ist nur bruchstückhaft erhalten. Er endete wahrscheinlich in der Lücke in B I zwischen Z. 41" und 47"', da unten, im ebenso lückenhaften Kontext, Pluralformen auftreten, die auf die Zugehörigkeit jenes Textfragments schon zur nächsten, an die Gulš-Gottheiten gerichteten Beschwörung verweisen.

B I 3'ff.: Höchstwahrscheinlich ist es ein Fragment der an Ḫilašši gerichteten Aufforderung, die an andere Anrufungen des behandelten Rituals erinnert haben muß. Wegen des Verbums *ḫuišnu*[*zzi* „(er) errett[et" ist dieser Passus mit B I 35", A II 20'ff. und B IV 41" zu vergleichen; s. den Kommentar zu A II 20'ff.

B I 4' MUŠEN-*aš*: Die erste Erwähnung eines (günstigen bzw. schlechten) Vogels, der auch in weiteren Beschwörungen unseres Rituals erscheint. Hier steht das Wort vermutlich im Gen. Sg.

B I 6' ZAG-*az k*[*i-i*]*š-š*[*a-ra-az*: Derselbe Ausdruck in A III 14f. und B III 32.

B I 34"ff.: Eine neue Anrufung an Ḫilašši, die nur teilweise an andere Aussagen dieser Art in unserem Ritual anklingt.

B I 38" SIG$_5$-*an* MUŠEN-*in*: zum Ausdruck s. den Kommentar zu A II 25'ff.

B I 39"f.: Die Ergänzung lehnt sich an A II 5'f., B II 39'f. und A III 19ff. an. In diesem Abschnitt taucht zum erstenmal *kēl ŠA* SÍ]SKUR *lingai*[*š* „der Eid(gott) dieses Rituals" auf, der an anderen Stellen als *linkijanza* (A II 6', B II 40') bzw. *NIŠ* DINGIR^{LIM} (A III 21) bezeichnet wird. Zu diesem Begriff s. unten zu A II 5'ff. sowie auch den sachlichen Kommentar.

SÍSKUR/SISKUR („Opfer; Ritual") wird in der Übersetzung jeweils nach dem Sinn wiedergegeben. Hier bezieht sich das Wort auf das Ritual für

Ḫilašši, übrigens tritt es ebenfalls in anderen Beschwörungen des Gesamttextes auf. Seine hethitische Entsprechung ist unbekannt. Nach CHD L-N 136f. könnte hier *malteššar* bzw. *mukeššar* in Betracht kommen, und G. Beckman erklärt sich für diese erste Möglichkeit[1]. Bemerkt sei aber, daß im Exemplar B SÍSKUR stets von dem Demonstrativpronomen *kūn* (Akk. Sg. c.) begleitet wird, während in A III 14 die Neutralform *kī* SISKUR auftaucht[2]. Eine Inkongruenz kommt im behandelten Ritual sehr selten vor, wir müssen also bedenken, daß sich hinter dem diskutierten Logogramm mehrere, lautlich und grammatisch verschiedene Formen verbergen können.

In unserem Ritual tritt das Logogramm oft mit den Verba *pai-/pešk-* „geben" (A II 24'/B II 28', B III 27f., IV 23) und *arḫa da-* „wegnehmen, abnehmen" (A III 14f./B III 1f.), also in seiner Grundbedeutung („Opfer"), auf. Dieser Schluß wird durch die Endbilanzen einzelner Beschwörungen bestätigt, in denen sich nach der Aufzählung der für eine Gottheit bestimmten Opfergaben oft das Verbum *pai-* „geben" findet; vgl. A III 31f./ B III 18f, B IV 1f., 19 und 47''. Die Anwendung des Wortes SISKUR/SÍSKUR in seiner Grundbedeutung in zahlreichen Ritualtexten, überdies auch in Gebeten, ist als Charakteristikum der hethitischen Religion zu betrachten – im Gegensatz zum mesopotamischen Bereich, in dem dieses Wort etwas anders gedeutet wurde; s. dazu G. Beckman, l.c. (Anm. 1) 28f. und ausführlicher H. Limet, Le sacrifice **siskur**, OLA 55 (1993) 243ff. Zum Weiteren s. den sachlichen Kommentar.

B I 55''': Die Pluralform *šum*[*aš*(?) sowie auch die Verbalendung]x-*tén*? scheinen darauf hinzuweisen, daß dieses Textfragment schon zur Beschwörung der Gulš-Gottheiten gehört.

B I 56''' erscheint zum erstenmal die Biene, die Ursache des Rituals; s. den sachlichen Kommentar zu A II 22'ff.

B II x+1ff. wird das Beschwörungsritual für die Gulš-Gottheiten (bis A II 16') fortgesetzt. Am Anfang des erhaltenen Teils der Kolumne ist die Rede von dem Opfer in die Grube, heth. *patteššar* (Z. 3', 5'), die für die magischen Zwecke meistens am Flußufer vorbereitet wurde; Belege sind in CHD P 246f. zu finden. Daß die Opfer für die Gulš-Gottheiten wirklich am Flußufer dargebracht wurden – ähnlich wie später jene für die Sonnengöttin der Erde – zeigt der Abschnitt A II 7'ff.

[1] Siehe G.M. Beckman, From Craddle to Grave: Women's Role in Hittite Medicine and Magic, JAC 8 (1993) 28f.

[2] Im Exemplar A ist sowohl SISKUR als auch SÍSKUR belegt.

B II 4': *tittijan* ist wohl als Partizip n. des Verbums *tittija-* zu deuten. Zu diesem Wort mit mehreren Bedeutungsnuancen (Grundbedeutung „gesäugt, genährt; versorgt") s. R.H. Beal, AoF 15 (1988) 274 Anm. 41 und A. Ünal, Ḫantitaššu (1996) 68ff. Der Kontext ist unvollständig, folglich unklar. Ähnlich läuft KBo 11.14 III 11'f., in dem *tittijan* neben anderen Gaben für die Götter in die Grube (dort: *ḫatteššar*) hinab gelegt wird; zur Textstelle vgl. A. Ünal, l.c. 22, 30 und den Kommentar 68ff., 72. In unserem Ritual handelt es sich hier vermutlich um die Bezeichnung eines Tieres. Nach Ünal, l.c. 70, liegt in *tittijan* die heth. Lesung für ŠAḪ.TUR „Ferkel" vor, aber in der Bilanz der Opfergaben für die Gulš-Gottheiten, A II 15'f., wird ein Ferkel nicht erwähnt, und diese Tatsache spricht gegen die von dem genannten Verfasser vorgeschlagene Deutung.
B II 6'ff.: Eine bruchstückhaft erhaltene, an die Gulš-Gottheiten gerichtete Anrufung, deren Duplikat in A II x+1ff. vorzuliegen scheint (s. die Umschrift). Der GN tritt in A II 2' auf.
A II 4' *nakkijaz*: Ablativ von *nakki-* „wichtig, wert, lieb; schwierig usw.", s. dazu CHD L-N 364ff.; hier wegen des lückenhaften Kontexts bleibt dieses Wort unklar.
A II 5'f.: In diesem nach B II 39'f. ergänzten Textfragment tritt *linkijanza* „der Eidgott (dieses Rituals)" auf. Die personifizierende *-ant*-Ableitung von *lingai-* „Eid" ist meistens im Plural belegt[3], vgl. z.B. den 'Ersten Militärischen Eid' IV 1f. *šumaš=a linkijanteš anda QATAMMA appandu* „und euch sollen die Eidgötter drinnen ebenso packen"[4] sowie auch mh. KUB 36.106 Rs. 6]*linkijanteš appantu*. Zum Eidgott vgl. B I 39''f. und A III 19ff., ferner auch den sachlichen Kommentar.
A II 7'ff.: Beschreibung eines Opfermahls und dann einer magischen Handlung am Flußufer, mit der die Beschwörung der Gulš-Gottheiten endet.
A II 7'f.: Zur Übersetzung vgl. A. Kammenhuber, Materialien 4 (Nr. 5) Lfg. 4 S. 37.
A II 9' ÍD-*i* EGIR-*an tar-na-i* „(sie) läßt (es) in den Fluß hinein": Zur Deutung von *appan tarna-* (etwas in den Fluß „hineinlassen" bzw. „schütten") s. schon A. Goetze, NBr 71f., der jedoch später diesen Ausdruck mit „[that] she puts behind her into the river" übersetzt (Tunn. 16f.); vgl. auch A. Ünal, Ḫantitaššu 63ff.

[3] Zur *-ant*-Ableitung von *lingai-* s. E. Neu, Zum Alter der personifizierenden *-ant*-Bildung des Hethitischen, HS 102 (1989) 7.

[4] Zu dieser zweiten Textstelle s. N. Oettinger, Die Militärischen Eide der Hethiter (StBoT 22), Wiesbaden 1976, 14f. (vgl. auch Rs. III 16, S. 12f.).

A II 10': Das Wort *urēnant-* (vgl. auch A III 26 und B III 13) tritt nur in unserem Ritual auf. Auf Grund der Kontexte erscheint seine Bedeutung („verbrannt") sicher, *u.* muß also von *warnu-* „verbrennen" abgeleitet werden. Einen interessanten Vorschlag zur Morphologie dieses Wortes macht B.D. Joseph[5].
A II 11'ff.: Auffallende Ähnlichkeit mit der Zauberformel zeigt KBo 11.9 Rs. IV 1ff. (Zur Vs. I dieses Textfragments s. unten)[6]:

1 *pé-e-da-a-i* ḪUL[*-lu-un* EME*-an*
2 ÍD*-aš QA-TAM-MA* x[
3 *QA-TAM-MA wa-ra*[-
4 x x x x x [

A II 12'f.: Zum Kontext vgl. KUB 58.68, 6'f.]x *ḫa-aš-šu-uš ša-ra-a da*[*-an-zi* (7') ÍD*-i* EGIR*-a*]*n*(?) *tar-na-an-zi nu ki-iš-š*[*a-an me-ma-i*, ferner auch KBo 34.49 (CTH 433, dupl. KUB 36.83 IV 8'f.) Vs.? (r. Kol.) 11' *nu ḫa-aš-šu-uš* ÍD*-i* EGIR*-an* [*ta*]*r-na-an-zi*.

Das Wort *ḫāš-* „Asche", sekundär auch „Seife", sollte nicht mit *ḫašša-* „Herd" verwechselt werden, wie das ziemlich oft der Fall ist. Zur Deutung s. schon A. Goetze bei J. Friedrich, ZA 37 (1926) 191 Anm. 4 und Verf., Kultobjekte 73f. Anm. 36 (wo auch KBo 11.10 II 10'ff. angeführt wurde), ferner A. Ünal, Ritual Purity versus Physical Impurity in Hittite Anatolia, BMECCJ 7 (1993) 129ff. und HED 3, 210ff.
A II 15f.: Bilanz der Opfergaben, die im Laufe der Ritualhandlungen den Gulš-Gottheiten dargebracht wurden.
A II 17'ff.: Anfang einer Beschwörung der Sonnengöttin der Erde. Zunächst werden drei Schafe in eine Grube hinab geopfert, womit wohl das Blutopfer gemeint ist. Zu diesen Schafen vgl. auch B II 41'ff. und die Bilanz am Ende der Beschwörung der Sonnengöttin der Erde, A III 31. In A III 12 werden zusätzlich neun Schafe genannt, wobei diese Zahl in der erwähnten Bilanz keine Entsprechung findet.

In A II 17' ist 9*-an* vermutlich als Bezeichnung der erwünschten Qualität der geopferten Schafe zu verstehen; vgl. in diesem Zusammenhang B III 33ff. „... Wenn sie (sc. die Biene) (34) [ein schlechter Vogel (?) ist], mache

---

[5] B.D. Joseph, Hittite *urenant-*, Orbis. Bulletin international de Documentation linguistique 31 (Louvain 1982, ersch. 1985) 156ff.

[6] Daß KBo 11.9 mit unserem Text verwandt ist, haben schon die Herausgeber von KBo XI bemerkt; s. Inhaltsübersicht zu Nr. 10.

sie zum günstigen (Vogel)! Wenn sie aber (35) günstig ist, mache [sie, Sonnengott . . . .], neunmal (Text: 9-*ŠU*) zum günstigen (Vogel)!".

A II 18': Mit *tekan paddanzi* „man gräbt die Erde auf" ist die Vorbereitung einer Grube, heth. *patteššar* bzw. *ḫatteššar*, hurr. *abi*, gemeint. Der Ausdruck geht oft den Opferungen in eine Grube hinab voran, vgl. dazu CHD L-N P 235ff. und 246f. Das heth. Wort für die Grube tritt in diesem Textabschnitt nicht auf, vgl. aber schon B II 3', 5' mit dem Kommentar. Der erwähnte Ausdruck zeigt, daß auch dieses Ritual am Flußufer vollzogen wurde, und dieser Schluß wird durch den Passus A III 22ff. (s. unten) bestätigt.

A II 20'ff.: In dieser Passage liegt die erste Anrufung an die Sonnengöttin der Erde vor, deren Fragmente übrigens oft zitiert und diskutiert wurden.

A II 21': Die Lesung *ḫu-* statt *ḫa-* wurde von E. Neu, Kratylos 12 (1967) 165 vorgeschlagen. Zu *ḫuišnu-* s. u.a. HEG I 268, HED 3, 333f. und ausführlich J.J.S. Weitenberg, U-Stämme, § 224ff. In Anm. 168 übersetzt er A II 20'f. wie folgt: „ein Mensch läßt einen anderen zum zweiten Male leben", wobei *dān mayandaḫḫ-* (KUB 29.1 Rs. III 7) „zum zweiten Male kräftig machen" als zusätzliches Argument für diese Deutung angeführt wird. Andere Autoren akzeptieren diese Übersetzung, s. z.B. HW^{2} III 15a und HED 3, 333f. („one man revives another, lit. makes live a second time [?]").

Es sei jedoch bemerkt, daß das gut belegte Verbum *ḫuišnu-* nie mit *-za* auftritt; man soll also A II 20'f. anders deuten. Wahrscheinlich liegt mit *t=an ḫuišnuzzi* „und er errettet ihn" schon der zweite Satz dieser Passage vor. Der vorangehende Text ist wohl korrupt und dürfte m.E. dem Sinne zufolge um *<da-a-i>* ergänzt werden. Dieses Wort ist vielleicht im unvollständig erhaltenen Exemplar B II 25'f. vorhanden gewesen. Als Stütze dieser Argumentation sei KBo 11.9 Vs. I angeführt, das zu A II 17'ff. weitgehend parallel läuft:

x+2 [ ]x 1 UDU.NÍTA[
3' [*kat-t*]*a-an ar-ḫa*[
4' EGIR-*an-da za-aḫ-za-aḫ* [-
5' *te-kán pád-da-a-i n*[*a-*
6' *ḫu-u-kán-zi nu ki-i*[*š-ša-an me-ma-i*]

7' *an-tu-uḫ-ša-aš-za an-tu-*[*uḫ-ša-an*]
8' *da-a-i ta-*[[*a-*]]*an*[[*-za*]] TI-*n*[*u-uz-zi*]

(unterer Tafelrand)

Zwar ist dieser Text ebenfalls korrupt und Z. 8' bedarf der Emendation, doch ist der erste Satz der hier diskutierten Passage (Z. 7'f.) fast völlig erhalten. Die Emendationen der beiden Textstellen lassen also eine schöne Aussage oder eher ein Sprichwort rekonstruieren, das die menschliche Solidarität widerspiegelt.

Ein weiteres Argument für die Ergänzung des ersten Satzes von A II 20' um *<da-a-i>* bietet sich nach B III 24f.: ... *nu-za an-tu-uḫ-ša-aš* DUMU.LÚ.U_{19}.LU (25) [EGIR-*pa*(?)]*da-a-i* „Der Mensch nimmt sich des Menschen [wieder(?)] an". Offensichtlich haben wir es hier mit einer sehr ähnlichen Aussage zu tun. Daß diese Zeilen für die Deutung der diskutierten Passage hilfreich sein könnten, scheint schon HW^2 I 118b zu suggerieren. Apud A. Kammenhuber, Materialien 7 (Nr. 6) Lfg. 9, 202 vergleicht M. Ciantelli B III 24f. mit KBo 11.9 I 7f. und anderen Textstellen; sie übersetzt den Ausdruck *-za da-* in diesen Kontexten mit „(an) sich jemanden nehmen".

A II 21'ff.: Wie es die Konjunktion *-a* nach *zikk-* zeigt, wird mit dem Satz „... Und du, Sonnengöttin der Erde, ..." ein Gedanke fortgesetzt, dessen Anfang in der Z. 20' vorliegt.

In der hethitologischen Literatur wird der Satz unterschiedlich übersetzt, vgl. z.B. V. Haas, Leopard und Biene im Kulte „hethitischer" Göttinnen, UF 13 (1981) 112f.: „ ... Du, Sonnengöttin der Erde, (22') diese Biene, die du schicktest, siehe, dir (23') bringen König (und) Königin die (24') Gabe dieser Biene (als/und?) dieses Opfer dar"[7], aber CHD L-N 210a: „The king and queen are giving you this offering as a propitiatory gift regarding this bee, which you, O Sungoddess of the Earth, have sent".

A II 24': „(als) Versöhnungsgabe (in Bezug auf die) Biene", wörtlich: „(als) Gabe der Biene". Zu *maškan* s. CHD L-N 209f. (u.a. „gift, propitiatory gift").

peškanzi, im Duplikat B II 28' *piškanzi*: Das Verbum *pai-*, das hier eindeutig für die Wiedergabe des Logogramms SÍSKUR als „Opfer" spricht, wird in ähnlichen Wendungen unseres Rituals wiederholt; vom Interesse ist dabei das Schwanken im Tempus- und Zahlgebrauch.

Das pluralische Prädikat in Bezug auf das Königspaar ist hier als Merkmal eines sprachlich jüngeren Textes zu erkennen. Wie D. Groddek bemerkt[8], ist in dieser Situation in einem mh. Text immerhin ein singularisches Prädikat möglich, wie in ah. Texten, und tatsächlich tritt es in un-

[7] Vgl. auch ders., Berggötter 216 Anm. 26.

[8] D. Groddek, Die rituelle Behandlung des verschwundenen Sonnengottes (CTH 323), in Silva Anatolica (2002) 128.

serem Ritual, aber erst in B III 28 (*paiš*) und B IV 23 (*paiš*) auf; in B IV 42'' steht wieder die Pluralform *pie*[*r*]. Eine andere Pluralform, die sich auf das Königspaar bezieht, nämlich *parkijantat*, ist in A III 11 belegt.

A II 25'ff.: CHD L-N 210a übersetzt diese Passage wie folgt: „If you sent it for evil, change it now and make it a bird portending good", und ibid. 155a: „Even if you, O Sungoddes of the Earth, have sent it (that bee) for evil, change it now and make it into a favorable bird!".

A II 25': Sowohl das Subjekt als auch das Objekt dieses Bedingungssatzes steht noch vor der Konjunktion *mān*, folglich muß die Konjunktion *-a* an ḪUL-*anni* (*idalauwanni* in B II 29') angehängt werden. Zu vergleichen ist eine ähnliche Satzkonstruktion in A III 15, mit Konjunktion *-a* nach *idaluš* in B III 3, ferner auch B III 33f.

Z. 26'f.: Zum Ausdruck SIG_5-*in* MUŠEN-*in* (Akk. Sg., auch in B II 30' und A III 17 belegt) vgl. SIG_5-*an* MUŠEN-*in* B I 38'', B III 4 und B III 39, ferner auch $MUŠEN^{ḪI.A}$ SIG_5-*anteš* KUB 5.6 II 19. Die Lesung beider Adjektive bleibt unklar. Dem Logogramm SIG_5 entsprechen im Hethitischen zwei Synonyme: *aššu-* „gut" und *lazzi-* „günstig usw.". Da das Adverb SIG_5-*in* als *lazzin* gedeutet wird[9], dürfte man wohl auch das Adj. SIG_5-*in* als *lazzin* (Akk. Sg. c.) lesen. Was SIG_5-*an* betrifft, so muß diese Form hier und an anderen Textstellen – anders als in HW^2 I 525a – ebenfalls als Akk. Sg. c. analysiert werden. In Betracht kommt die Lesung *aššuwantan*, aber auch *lazzijantan* ist nicht auszuschließen. Zur Diskussion s. HW^2 I 493, 503, 509f., 513ff. und 524f., J.J.S. Weitenberg, U-Stämme (1984) 94f., CHD L-N 50 und HED 5, 75.

A II 28': Nach CHD L-N 228a (zu B II 32'): „ ... give to them longevity (lit. old-manhood and old-woman-hood)".

A II 29' *ku-iš-ša-an* $UDU^{ḪI.A}$-*aš ḫu-li-ja-aš* ... „(Und) die Wolle der Schafe, die auf (ihnen ist, ist lang, ...)": Weniger überzeugend ist die Übersetzung „(Und) die Wolle, die auf diesen Schafen (ist, ist lang, ...)", vgl. dazu den Kommentar zu B IV 12ff. Es handelt sich hier um die Wolle der in A II 17'f. genannten, nach unserem Deutungsversuch 'neunmal guten' Schafe, die der Göttin schon früher geopfert wurden. Der Ausdruck ist als Nominalsatz zu verstehen, der im Zusammenhang mit dem in Z. 29'f. geäußerten

---

[9] S. dazu schon A. Goetze, The Beginning of Hittite Instructions for the Commander of the Border Guards, JCS 14 (1960) 71f., ferner auch Th. van den Hout, A Tale of Tiššaruli(ya): A Dramatic Interlude in the Hittite KI.LAM Festival, JNES 50 (1991) 198, CHD L-N 50 und HED 5, 68ff.

Wunsch stehen muß. Da dieser Wunsch zunächst lange Lebensjahre für das Königspaar anbelangt, ergänzt man hier den vorangehenden Satz um das Adjektiv „lang", das zur Wolle gut paßt. Ähnlich versteht diesen Passus A. Archi, Auguri per il Labarna, FsMeriggi[2] 27f. Anm. 4: „Per quanti siano (i peli di) lana delle pecore, (comme) essi dai al re (e) alla regina anni lunghi ...". Zu *ḫulija-* s. auch den sachlichen Kommentar.

Im paläographisch älteren Duplikat B II 33' steht nach *kuiš* noch die Konjunktion *-a*, die bestätigt, daß die beiden, durch den Abschnittsstrich abgetrennten Teile der Aussage inhaltlich verbunden sind. Es sei bemerkt, daß in der kommentierten Anrufung diese Konjunktion im Exemplar B oft erscheint und auch gleichgeordnete Sätze verbindet. Im Exemplar A ist sie teilweise eliminiert worden; s. sofort im Kommentar zu A II 31'ff. (in Bezug auf B II 35').

A II 31' „(gib dem König) Heldenmut im Feld": Das Wort *tarḫuilatar* wird unterschiedlich übersetzt, hier folgen wir HEG III Lfg. 8 T/D 169. Mit *gimri* „im Feld" ist der Kriegszug gemeint.

A II 31'ff.: Die Lücke in Z. 32' wird nach B II 35' ergänzt, wo KUR.KUR^{TIM} von dem Relativpronomen *ku-i-e-eš* (Nom. Pl. c.) begleitet wird. Zur Wendung vgl. die Apologie Hattušilis III. Rs. IV 57ff. KUR.KUR$^{HI.A}$ ... (59) *ku-i-e-eš ku-u-ru-ur e-šir*. Hinter dem Logogramm muß sich also das Commune *utne(j)anteš* verbergen. Zu dieser Ableitung von neutrischem *utne* „Land" s. E. Laroche, Un ‘ergatif’ en indoeuropéen d'Asie Mineure, BSL 57 (1962) 34 sowie auch E. Neu, Zum Alter der personifizierenden *-ant*-Bildung des Hethitischen, HS 102 (1989) 5ff., wo als Beispiel u.a. KUB 23.11 III 27 ...KUR-*eanza kūrur IṢBAT* „das Land (Nom.) ergriff Feindschaft" zitiert wird.

Wie es F. Starke, Untersuchung zur Stammbildung des keilschriftluwischen Nomens (StBoT 31), Wiesbaden 1990, 357 Anm. 1264 mit Recht bemerkt, ist *-a* in *kurura* B II 35' als Konjunktion zu verstehen. Der Kopist des jüngeren Duplikats A hat vermeintlich falsches *kurura* zum Genitiv *kururaš* „verbessert", folglich auch die zweite Konjunktion dieses Satzes nach *apē* A II 32' ausgelassen; vgl. *apē=a* B II 35'. F. Starke übersetzt den diskutierten Ausdruck A II 31'f. mit „die Länder der Feindschaft, die er hat".

Im Gegensatz zur Pluralform des Subjekts steht das Prädikat des Hauptsatzes (*uiddu*) im Singular, und somit bietet der diskutierte Passus ein in unserem Text seltenes Beispiel der Inkongruenz. Vermutlich wurde die Form *utne(j)anteš* hier als Koll. Sg. verstanden.

A II 33'f.: Zur Übersetzung vgl. HW^2 I 381a, aber das Adverb SIG_5-*in* in II 34' ist wohl als *lazzin* „günstig" zu lesen, s. dazu den Kommentar zu A II 25'ff.
B II 38'ff.: Zur Übersetzung dieser Passage vgl. HW^2 I 381a sowie auch HW^2 III 331b. Das Verbum *ḫarp-* hat mehrere Bedeutungsnuancen, s. dazu HW^2 III 329ff.
B II 39'f. erscheint wieder der Eidgott des Rituals, diesmal als die Sonnengöttin der Erde bedrohende Gottheit, s. dazu schon oben zu B I 39"f. und A II 5'f.
B II 41'ff.: Es ist leicht zu bemerken, daß die an die Sonnengöttin der Erde gerichtete Beschwörung den ausführlichsten Teil des ganzen Rituals bildet, andere Beschwörungen sind hingegen nicht so reich an Opferungen und Anrufungen. Manche Angaben dieses Teils stehen im Widerspruch miteinander. Dies betrifft die in A III 12 genannten neun Schafe und neun (Wein-)Rationen, die in der Endbilanz der Beschwörung für die Sonnengöttin der Erde in A III 31 fehlen. Auch der Begriff „das Opfer/das Ritual der Vögel" A III 11 entspricht nicht der Terminologie des Gesamttextes, in dem stets von der Biene die Rede ist. Es erscheint sehr wahrscheinlich, daß dieser Teil des Rituals um zusätzliche Elemente erweitert worden ist, die aus einem sonst unbekannten Ritual der Vögel stammen. Zu ihnen gehört die Anrufung A III 10ff. bzw. mindestens einige ihrer Bestandteile.
B II 42' *[ḫ]appinit zanuwanzi* „man grillt auf offener Flamme": Zur Übersetzung dieser Wendung vgl. zuletzt D. Groddek, in Silva Anatolica (2002) 125. Das Verbum *zanu-* „kochen, rösten usw." kommentiert G. Szabó, Ein hethitisches Entsühnungsritual für das Königspaar *Tutḫalija* und Nikalmati (THeth 1), Heidelberg 1971, 54ff. – Zu *ḫ[a-at-te-eš(-ni)* vgl. Z. 44'.
B II 44': Zu *šeša-* s. die Diskussion bei G. Kellerman, Diss. 53 mit Literaturhinweisen. Zum Kontext paßt die von E. Laroche vorgeschlagene Bedeutung „Haut", aber auch „Schwanz" (nach A. Goetze, ANET 358 und H.A. Hoffner, RHA f. 80, 25 Anm. 19 und S. 87 Anm. 158) erscheint hier möglich. Da in derselben Zeile $GÌR^{HI.A}$ „Füße" gennannt werden, entfällt die Deutung von *šeša-* als „Pranke, Tatze (?)"[10].
B II 44'f. *na-at ḫ[a-at(-te-eš-ni)]* (45') *še-er ti-an-zi*: Wie in Z. 42' wird hier das Wort *ḫ[a-at(-te-eš-ni)* – entgegen dem gut lesbaren *pát-te-eš-ni* im Duplikat A III 6 – nach dem Zeichenrest vor der Lücke ergänzt. Die beiden Begriffe werden synonimisch verwendet, s. dazu CHD P 246f. Die seltene

[10] Zu diesem Deutungsvorschlag s. F. Starke, Ḫalmašuit im Anitta-Text und die hethitische Ideologie vom Königtum, ZA 69 (1979) 89 Anm. 89.

Wendung *pattešni šer* ist auch in KBo 13.101 I 8f. belegt, wobei dort auf die Grube ebenfalls das Fleisch der Opfertiere gelegt wird. Es sei daran erinnert, daß die Grube höchstwahrscheinlich für das Blutopfer bestimmt (s. den Kommentar zu A II 17'ff.), also klein wurde. Da es drinnen für das ganze Opferfleisch keinen Platz gab, wurde es einfach auf die Grube gelegt. Eine gewisse Parallele zur beschriebenen Handlung findet man in KUB 10.63 Vs. I 26: *na-aš-ta* ᴰ*A-a-pí-in še-er IŠ-TU* NINDA.GUR$_4$.RA *iš-ta*$^!$*-a-pí* „Er/sie deckt dann oben die Opfergrube mit Dickbroten ab"[11].

A III 10f.: Eine Übersetzung dieses Satzes bietet Schwierigkeiten, da mit dem Verbum *park-/parkija-* (Med.) „sich erheben usw." das Akkusativobjekt in Verbindung steht. Hier wird der Satz nach dem Vorschlag von E. Neu übersetzt, der in seinem Kommentar einen Zusammenhang mit den *taknaz dā*-Ritualen in Erwägung zieht[12]. Diese Deutung wird von H. Otten akzeptiert[13]. Etwas anders versteht den Kontext G. Beckman: „... The king and queen have now heaped up for themselves the Black Earth (i.e., dug a ritual pit)"[14]. Ähnlich übersetzt diesen Satz CHD P 156: „ ... The king and the queen have raised up the dark earth (i.e. evoked and pacified the infernal powers by making offerings in a pit)".

A III 11ff.: Vgl. schon den Kommentar zu B II 41', überdies s. auch B III 30ff.

A III 11: Mit dem Begriff MUŠEN^HI.A^-*aš* SÍSKUR „das Opfer/Ritual der Vögel" ist die Vogelbezeichnung *ḫugannaš* MUŠEN^HI.A^ „Vögel der Beschwörung" KUB 16.47, 12 und KUB 18.12 Vs. I 7 zu vergleichen. Wie schon oben bemerkt, scheint der Begriff MUŠEN^HI.A^-*aš* SÍSKUR aus einem anderen Ritual zu stammen. Vermutlich hat die Terminologie jenes anderen Rituals die Sprache unseres Textes beeinflußt; vgl. unten zu A III 15.

A III 12: Hier werden neun Schafe und neun (Wein-)Rationen als zusätzliche Opfergaben für die Sonnengöttin der Erde genannt, die in der Endbilanz A III 31f. fehlen. Diese Aufzählung stammt wahrscheinlich aus einem anderen Ritual; s. den Kommentar zu B II 41'ff.

---

[11] Zu dieser Textstelle s. zuletzt P. Taracha, Ersetzen 113, wo auch weitere ähnliche Beispiele und Literaturhinweise.

[12] E. Neu, Interpretation der hethitischen mediopassiven Verbalformen (StBoT 5), Wiesbaden 1968, 138 m. Anm. 2.

[13] H. Otten, Die Bronzetafel von Boğazköy. Ein Staatsvertrag Tutḫalijas IV. (StBoT Beiheft 1), Wiesbaden 1988, 45f.

[14] G. Beckman, Proverbs and Proverbial Allusions in Hittite, JNES 45 (1986) 25.

A III 13ff.: Zur Übersetzung vgl. HW^2 II 82a. Der Passus zeigt verschiedene Bedeutungsnuancen des Begriffs ZAG, heth. *kunna-* „recht" und zugleich erklärt seine Rolle im damaligen Denken. Ähnlich läuft B III 30f., in dem anstelle der Wendung „das rechte Ohr" der synonimische Ausdruck *iš*]*tamaššantan* GEŠTU-*an* (Akk.) „das hörende Ohr" auftaucht. Die Annahme eines Geschenks mit der rechten Hand hat in diesem Passus ebenfalls eine symbolische Bedeutung. Folglich ist ZAG/*kunna-* auch als „günstig, wohlgesinnt; freundlich" zu verstehen; vgl. dazu G. Beckman, Proverbs and Proverbial Allusions in Hittite, JNES 45 (1986) 25 m. Anm. 38 (Literaturhinweise). Auch GÙB-*la-* „link(s)" ist in übertragener Bedeutung als Bezeichnung negativer Eigenschaften gut belegt, vgl. schon HW 275. Das in dieser Weise erweiterte Bedeutungsfeld der Wörter „recht(s)" und „link(s)" charakterisiert nicht nur das Hethitische, sondern auch zahlreiche andere, sowohl alte als auch moderne Sprachen. – Zur Frage nach dem Genus des hethitischen Wortes, das sich hier hinter dem Logogramm SISKUR verbirgt, s. den Kommentar zu B I 39''f.

A III 15 *n=aš mān* ḪUL-*uš* MUŠEN-*iš* ... : Da die Ursache des Rituals eine unheilverheißende Biene ist, muß sich der Ausdruck ḪUL-*uš* MUŠEN-*iš* auf sie beziehen. Zum Satzobjekt vor der den Bedingungssatz einleitenden Konjunktion *mān* vgl. den Kommentar zu A II 25'.

A III 16f.: Wohl wegen des Abschnittsstrichs nach der Z. 17[15] spricht HW^2 I 327a den Passus *n=an* 9-*ŠU* SIG$_5$-*in* MUŠEN-*in ija* EME-*aš=wa* ^{GIŠ}*armizzi* für einen Satz an: „Mache es (Opfer) zu einem 9x günstigen Vogel (der sagt) 'Brücke der Zunge' (sc. zu den Göttern)". Aus verschiedenen Gründen wird diese Übersetzung abgelehnt. Erstens, nicht das Opfer, sondern die als schlechtes Vorzeichen gedeutete Biene ist das Objekt des Satzes; zweitens, trotz des Abschnittsstrichs (der in B fehlt) ist das Sprichwort sicherlich mit dem nächsten Satz verbunden, und drittens, jenes (mit der Partikel der zitierten Rede angeführtes) Sprichwort ist etwas anders zu deuten. H. Otten, „Brücken" im hethitischen Schrifttum, in FsBittel 434, übersetzt EME-*aš=wa* ^{GIŠ}*armizzi* „Die Zunge (Rede) <ist> eine Brücke" und bemerkt dabei, daß das Wort für „Brücke" hier metaphorisch verwendet wird. Ähnlich wird es in CHD L-N 22a verstanden: „'the tongue is a bridge' (saying quoted in rit.)"[16]. Da das Sprichwort, wie gerade bemerkt,

[15] Der Abschnittsstrich fehlt im Exemplar B.

[16] Zum Sprichwort vgl. auch G. Beckman, Proverbs and Proverbial Allusions in Hittite, JNES 45 (1986) 25 und ders., The Tonge is a Bridge: Communications between Humans and Gods in Hittite Anatolia, ArOr 67 (1999) 524f.

mit dem nächsten Satz im Zusammenhang steht, wird der Passus hier übersetzt: „(Man sagt:) 'Die Zunge (ist) eine Brücke' / (so) gehe, Sonnengöttin der Erde, (darüber) ...".

A III 18ff. bzw. sein Duplikat werden oft zitiert, vgl. schon H. Otten, OLZ 50 (1955) 393 Anm. 4 (B III 5-14), ferner HW^2 I 381b, A. Ünal, BMECCJ 3 (1988) 62f., J. Klinger, WO 22 (1991) 206 und zuletzt P. Taracha, Ersetzen (2000) 24 Anm. 62; zu B III 7-9 s. auch CHD L-N 68a. G. Beckman übersetzt diese Passage wie folgt: „Set out, O Sun-Goddess of the Earth! Make everything favorable; attend to it! If you do not attend to it, let the divine oath of this ritual proceed to seize you, O Sun-Goddess of the Earth!"[17]. Zur Lesung von SIG$_5$-*in* s. den Kommentar zu A II 25'ff. – A III 19ff. wird die Sonnengöttin der Erde schon zum zweiten Mal (vgl. B II 38'ff.) mit dem Eidgott bedroht. Zu diesem Gott s. den sachlichen Kommentar.

A III 22ff.: Vgl. den Kommentar zu A II 7'ff. Ebenso wie dort, endet die Beschwörung mit einem Mahl und Ritualhandlungen am Flußufer. Ihre Beschreibung sowie auch die begleitende Spruchformel werden hier etwas anders redagiert als vorher, darüber hinaus erwähnt man neben der bösen Zunge zusätzlich noch einen schlechten Vogel.

A III 26: Zu *urēnanda* „verbrannt" s. den Kommentar zu A II 10'. Da sein Attribut im Plural steht, muß *ḫaštai* als Kollektivum verstanden werden.

A III 28f. *n=aš QATAMMA ḫaštai kišaru*: Vgl. A II 12' *n=aš QATAMMA ḫāš kišaru*.

A III 29f. ... *parā* ÍD-*aš* (30) *pedau*: Das Adverb ist hier vom Verbum durch den Satzgegenstand getrennt; s. dazu CHD P 130a, wo das Duplikat B III 16 als Beispiel angeführt wird, und vgl. B III 32, wo das Adverb *arḫa* ebenfalls von der Verbalform *dā* getrennt ist.

A III 31f.: Endbilanz der Opfergaben für die Sonnengöttin der Erde. Wie schon oben bemerkt, entsprechen die Zahlen der Schafe hier jenen am Anfang der Beschwörung (A II 17'), und nicht diesen in A III 12. Zusätzlich aber werden neun (B III 18: ohne Zahlangabe) Dickbrote, wohl in Bezug auf die neun Dickbrote in A III 12, genannt. Hierher gehören ferner Rührkuchen und Grütze, die in der Beschreibung des Beschwörungsrituals nicht auftreten (vgl. aber den Kommentar zu B IV 1f.).

B III 20ff.: Eine Beschwörung des Sonnengottes.

B III 20 [*I-NA* UD.2^{K}]^{AM}: Der Anfang des Gesamttextes ist zwar bruchstückhaft erhalten, darüber hinaus fehlt der Anfang der Kol. II, doch darf

[17] G. Beckman, Proverbs and Proverbial Allusions in Hittite, JNES 45 (1986) 25.

man annehmen, daß die für Ḫilašši, die Gulš-Gottheiten und die Sonnengöttin der Erde, also für die Unterweltsgottheiten bestimmten Einzelrituale am ersten Tag vollzogen wurden. Dann muß das Ritual für den Sonnengott sowie auch für die anderen Götter (s. dazu unten) schon am zweiten Tag der Ritualhandlungen ausgeführt worden sein.

B III 21: Zu *ḫaliwara-* vgl. auch B IV 1. Dieses unklare Beiwort zu Schaf ist bisher nur in CTH 447 belegt.

B III 22ff.: Anfang einer Anrufung an den Sonnengott. Zu *manijaḫḫai-* als „Verwaltungsbezirk" s. HEG II L-M 121. CHD L-N 168a übersetzt den Passus: „Have mercy, O Sungod! Everything is [your] realm, [O Sungod]. You govern the lands". Zum diskutierten Passus vgl. Bo 4171+KUB 46.46 I? 11f. (mit Dupl.): „Und du (Sonnengott) regierst alles, [die Sonnengöttin (der Erde aber) regiert das unterirdische Land"[18]. Eine ähnliche Aussage mit dem Verbum *manijaḫḫ(išk)-* „regieren" findet sich auch in der Anrufung an den himmlischen Wettergott B IV 6ff.

B III 24f.: Ergänzt versuchsweise nach KUB 30.10 Rs. 2, KUB 31.127 Vs. I 48 und parallelen Textstellen. Zur Übersetzung vgl. die Diskussion zu A II 20'f.

B III 26ff.: Ergänzt nach dem parallel laufenden A II 21'ff. Beachtenswert ist das Präteritum *pa-iš* in Z. 28 gegenüber *peškanzi* (Prs.) in A II 24'; s. dazu den Kommentar zu A II 24'.

B III 29: Nach CHD L-N 476 ist der ziemlich oft in magischen Ritualen und verwandten Texten belegte luwische Ruf *nū* mit dem heth. *apāt eštu* „sei es (so) sein" vergleichbar.

B III 30 [*nu=šmaš iš*]*tamaššantan* GEŠTU-*an parā* [*ēp*]: Ergänzt nach A III 13f.; vgl. den Kommentar zu jener Passage.

B III 31: Übersetzt nach HW² I 503b, vgl. auch dort S. 613f.

B III 34f. wird hier etwas anders übersetzt als in HW² I 510a: „... mache ihn zu einem guten Vogel. Wenn er ab[er] gut ist, mache [ihn (o.ä)] 9mal gut". Um eine vermeintliche Inkongruenz auszuschließen (s. dort), reicht es aus, das Adj. SIG₅-*an* als Akk. Sg. c. zu deuten. Zur möglichen Lesung dieses Wortes s. den Kommentar zu A II 25'ff.

B III 36 *na-an k*]*u-iš* DINGIR*LUM* *IŠ-PUR*: Zur Ergänzung vgl. B I 56''' sowie auch B IV 9 (erg.). Die vorgeschlagene Übersetzung kann vorerst nicht mehr als ein Versuch sein.

B III 38: Zum Verbum *minu-* „lind machen, besänftigen usw." s. CHD L-N 291f., wo auch B III 37-40 übersetzt wird.

---

[18] Textumschrift bei H. Otten und Ch. Rüster, Textanschlüsse und Duplikate von Boğazköy-Texten (61-70), ZA 68 (1978) 271f.

B III 42f.: Ergänzt nach B IV 13ff. Zur Übersetzung vgl. A II 29' und B IV 15.
B III 45]*ḫuišwannitta kapalijandu* „und mit dem Leben sollen (sie) .... -en!" Die Bedeutung des Verbums *kapalija-* (hier Imp. 3. Pl.) ist unbekannt. Eine äußerlich ähnliche, ebenso unklare Verbalform *kap-pa-a-li-j*[*a-zi*(?) ist in KBo 16.78 Rs. IV 10 belegt. – In Z. 45 endet die Anrufung an den Sonnengott.
B III 46ff. beschreiben das Opfermahl und die Ritualhandlungen an einem unbekannten Ort, vielleicht immerfort bei der in B III 20 genannten Kultstele inmitten des Waldes. Wie es dem bruchstückhaft erhaltenen Text zu entnehmen ist, erinnern diese Handlungen an jene, die in A II 7'ff., III 22ff. und B IV 17 geschildert werden.
B III 49: Die vorgeschlagene Ergänzung kann nicht mehr als ein Versuch sein. –]*išḫuanzi* „sie schütten (aus)": Als Gegenstand kommen hier in Betracht verbrannte Knochen, die diesmal wohl nicht in den Fluß, sondern an eine andere Stelle ausgeschüttet werden.
B IV 1f.: Bilanz der Opfergaben für den Sonnengott. Außer den am Anfang dieses Teils des Rituals (B III 21) genannten Tieren finden wir hier zusätzlich neun Dickbrote, Rührkuchen und Grütze, die in der Beschreibung der Ritualhandlungen nicht erwähnt werden. Es liegt die Vermutung nahe, daß sie, wie wohl in der Beschwörung für die Sonnengöttin der Erde (s. den Kommentar zu A III 31), mindestens teilweise für das in B III 46f. erwähnte Ritualmahl bestimmt wurden.
B IV 2 *A-NA* ^{D}UTU[[-*aš*]]: Die vermeintliche Pluralform des Gottesnamens scheint zu suggerieren, daß in der Bilanz Opfergaben für die beiden Sonnengottheiten, d.h die Sonnengöttin der Erde und den himmlischen Sonnengott, berücksichtigt werden, aber die Bilanzangaben schließen diese Möglichkeit aus. Deswegen wird hier das Zeichen *-aš* als Schreibfehler angesprochen.
B IV 3: Anfang einer Beschwörung des himmlischen Wettergottes. Die Ritualhandlungen werden jetzt in einem Garten vollzogen, wobei B IV 20 lehrt uns, daß es sich hier um einen Hausgarten handelt. – Z. 3f.: Die Umschrift und folglich die Übersetzung bieten Schwierigkeiten wegen der Grösse der Lücke vor GI]Š-*ru*. V. Haas nimmt wohl an, daß im Text von einem Baum bestimmter Art die Rede ist: „Im Garten kundschaften sie einen [Bau]m aus, [und] sie stellen (4) unter [dies]en Baum [ ] hin..."[19]. Nach CHD Š 52b dürfte in der Lücke ein Zahlzeichen gestanden

[19] V. Haas, Magie in hethitischen Gärten, in FsOtten^{2} 127f.

sein: „In a vegetable garden they *š.* [two(?) tr]ees. (Under each) tree they place [...". Da das Wort -]*danija* in Z. 3 als [*kue*]*danija* „jedem" zu ergänzen ist, erscheint dieser Deutungsversuch korrekt, mindestens in grammatischer Hinsicht.

Aus dem Kontext ergibt sich für (*-za*?) *šakuwai-* die Bedeutung „aussuchen, auswählen o.ä.". Zu diesem Verbum s. R. Westbrook – R.D. Woodard, The Edict of Tuthaliya IV, JAOS 110 (1990) 646ff. (wo auch auf S. 650 eine unvollständige Umschrift von B IV 3-5 gegeben wird), und zuletzt P. Taracha, Ersetzen 132.

Welche Gegenstände unter jene ausgewählte Bäume hingestellt wurden, wissen wir nicht; ^{NA_4}*ḫuwaši* entfällt hier schon aus Raumgründen, die logographische Schreibung ^{NA_4}ZI.KIN ist hingegen in diesem ziemlich alten Text kaum zu erwarten.

B IV 4ff.: Etwas anders übersetzt diesen Passus V. Haas: „... Und für den [We]ttergott des Himmels (5) schlachten sie 1 Widder [und] 1 (weibliches) Schaf. Und sie nennen sie [ ]. (6) Und so [spricht sie]: „[Gn]ade, Wettergott, des Himmels König. (7) Sobald [ihr]$^{?}$ Götter (euch) Hi[mmel, Erd]e und Berge (8) zuteilt, tritt, Wettergott, vor diese Biene (9) hin ..."[20].

B IV 5: Aus inhaltlichen und Raumgründen ist die Lücke um GU_4.MAḪ zu ergänzen; vgl. den Kommentar zu B IV 18ff.

„... Und sie rufen": Vgl. B IV 21 „... Sie rufen das aber neunmal", und den Kommentar zu dieser Textstelle.

B IV 8: Mit der Dativform NIM.LÀL-*ri* wird das Paradigma dieses Wortes bereichert. Zugleich ist es jetzt klar, daß das heth. Wort für „Biene" mit *-ra-* endete.

B IV 9: Ergänzt nach B III 36; vgl. auch B I 56'''.

B IV 11: Die Verbalform *e*[*-e*(*p*)] wird nach A IV 2' ergänzt. Die Bedeutung des *ḫanza ēp-* ist unklar. F. Sommer, AU 12f. (vgl. auch 140f.) übersetzt *-an ḫanza ēp* „begrüße ihn freundlich(?)", und auch in HED 3, 92 wird *ḫanza appatar* als „some sort of frontal reception (open welcome?)" gedeutet. Andererseits ist in Orakeltexten die Wendung IGI-*anda ḫanza appanna*(*š*) belegt, die in HW^2 II 56f. mit „zum Gegenkontrollieren/zur Gegenkontrolle" übersetzt wird. Deswegen wird hier die wohl besser zum diskutierten Kontext treffende Bedeutung „überprüfen(?)" angenommen, die jedoch auf keinen Fall für sicher gelten kann.

B IV 12ff.: Das Exemplar A, von dem nur Zeilenenden erhalten sind, weicht hier etwas ab. Der parallel laufende Abschnitt in A besteht aus

---

[20] V. Haas, l.c. 127f.

sechs Zeilen (3'-8'). Da A IV 6' (mit M]AḪ am Ende) der Zeile B IV 15 zu entsprechen scheint, seien die Z. 6'ff. versuchsweise folgendermassen ergänzt: ... *ku-it ŠA* GU_4.M]AḪ (7') [*pa-an-kur* LUGAL-*i-ma* MUNUS.LUGAL-*ja* $MU^{Ḫ]I.A}$ GÍD.DA (8') [*pa-a-i* ...] „[Das Haar des St]ieres, [das (er hat, ist lang; so) [gib dem König und der Königin] die langen [Jahre]!". Man nimmt dabei an, daß das Wort für „Stier" hier nicht im Dativ (in diesem Fall wäre nach GU_4.M]AḪ noch die Dativendung *-i* erhalten), sondern im Genitiv steht. Die obige Rekonstruktion von A IV 6'ff. schließt in der Tat eine Übersetzung von $UDU^{ḪI.A}$-*aš* als Dat. Pl. in den Textfragmenten A II 29', B III 42f. und B IV 15 aus (etwa „Die Wolle, die auf (= *-šan*) diesen Schafen ist, ..."; vgl. den Kommentar zu A II 29').

Zu *pankur* „(Tier-)Haar" s. R.H. Beal und B.J. Collins, Hittite *pankur*, a new suggestion, AoF 23 (1996) 308ff. sowie auch CHD P 92f. Ein für den Wettergott des Himmels bestimmter Stier wird in der Bilanz B IV 17 genannt, es erscheint also sicher, daß in der bruchstückhaft erhaltenen Aussage A IV 3'ff. nicht vom Haar der Schafe (wie in B IV 15 und früher), sondern von dem des Stieres die Rede ist.

B IV 15: Ergänzung am Zeilenanfang nach dem Sinne. Aus Raumgründen kommt hier eine zu A II 29'/B II 33'f. und B III 42f. analoge Ergänzung mit der Partikel *-šan* nicht in Betracht.

B IV 16f. enthalten die letzte, schon kurze Beschreibung eines Opfermahls, die sich jener in A II 7'ff., A III 22ff. und B III 48f. ähnelt. Die Textlücken werden nach Parallelstellen und dem Sinn ergänzt. Im Exemplar A folgt der Abschnittsstrich erst nach Z. 8' [*nu šu-up-pa ti-an-zi* 9 $NINDA.GUR_4.RA^{ḪI.A}$ *pár-š*]*i-an-da*, in B gehört hingegen diese Zeile in einen neuen Abschnitt. Obwohl Dickbrote schon früher (B II 42', A III 31 mit Dupl. B III 18, B IV 1) erwähnt wurden, wird erst hier ihre Bestimmung genauer erklärt.

B IV 18ff.: In B IV 18 tritt zum erstenmal eine mit *QATI* beendete Formel auf, die gewöhnlich am Ende einer Ritualbeschreibung steht. Danach folgt, wie erwartet, ein doppelter Abschnittsstrich. Überraschend ist, daß sich im Exemplar B die Bilanz der Opfergaben für den Wettergott des Himmels erst im nächsten kurzen Abschnitt befindet, der bloß aus einer Zeile (B IV 19) besteht.

Dem B IV 16-18 entspricht der Abschnitt A IV 9'-12' mit Angaben der erwähnten Bilanz in Z. 11', wobei von ihrer Liste nur UDU.]ŠIR am Zeilenende erhalten ist. Dies aber reicht aus, um festzustellen, daß auch im Exemplar A in der Bilanz [1 SILA.NÍTA 1 UDU.]ŠIR standen. Diese Angaben unterscheiden sich von jenen in B IV 5, wo 1 UDU.NÍTA 1 UDU.

SÍ[G+MUNUS] auftreten. Wie vorher, werden in der Bilanz Dickbrote berücksichtigt, die vermutlich für das Opfermahl bestimmt wurden.
B IV 20: Anfang einer Beschwörung des Wettergottes von Zippalanda, der sonst in magischen Ritualen nie herbeigerufen wurde. Das Ritual wurde fernerhin im Bereich des Hauses, vielleicht im in B IV 3 erwähnten Garten vollzogen. B IV 20f. hat eine Entsprechung in A IV 13'f.
B IV 21: Zur Umschrift vgl. schon H. Otten, HTR 122; dort auch ein Kommentar zu GU_4 *šarlūmaš* (mit Literaturhinweisen). Dieses Beiwort der Opfertiere tritt auch in B IV 31' (erg.) auf. E. Laroche sah in *š.* einen Genitiv des Infinitivs **šarlūmar*; vgl. dazu das Verbum *šarlai-* „erhöhen usw."[21]. Ihn folgt H. Otten, l.c., der den Ausdruck als „Weihe-Rind(?)" übersetzt. Nach HDW 72 sei *š.* ein Genitiv des Nomens actionis *šarluwar* „Erhebung". Aber diese Deutungen entfallen, da das Duplikat A IV 14' GU_4 *šar-*]*lu-ma-na-aš* hat, und somit bleibt die Bedeutung des Wortes fernerhin dunkel.

„Sie rufen das (*-at*) aber neunmal": Worauf sich hier *-at* bezieht, ist unklar. Zur Deutung des Verbums *ḫalzai-* in ähnlichen Kontexten s. A. Goetze, Tunn. 36ff. Wie diese Wendung zeigt, werden die Götter zum Opfer aufgerufen, s. dazu V. Haas, GHR 642, mit Beispielen vorwiegend aus kultischen Texten. Es sei bemerkt, daß in unserem Ritual nur die Wettergötter in der beschriebenen Weise (vgl. auch B IV 5) herbeigerufen werden. Wir wissen nicht, warum der Wettergott von Zippalanda neunmal herbeigerufen wurde, jedoch erscheint die Zahl „neun" ziemlich oft im Kult von Zippalanda; vgl. auch den sachlichen Kommentar zu B II 42'.
B IV 22ff.: Anrufung an den Wettergott von Zippalanda. In Z. 23 wird das Opfer/Ritual der Biene erwähnt, und diese Benennung bezieht sich wohl auf andere Beschwörungen des Gesamttextes. Deswegen wird hier der in A III 11 belegte Begriff „das Ritual der Vögel" als Entlehnung aus einem anderen Ritual betrachtet, s. dazu den Kommentar zu A III 11ff. Wie in B III 28, steht hier das Prädikat im Prt. Sg.; vgl. den Kommentar zu A II 24'. Die Z. 24 ist lückenhaft erhalten, folglich unklar, aber sicherlich liegt hier der Anfang einer Bitte an den Gott vor, die an andere Bittformeln des Rituals erinnern mußte. Der Übersetzungsversuch folgt KUB 31.127+ Vs. I 46ff., wo es heißt: *antuḫšann=a=z kuin* $DINGIR^{MEŠ}$ *šanzi* ... *n=an āppa zik kappuwaši* „Und eines Menschen, dem die Götter zürnen, ... dessen

[21] E. Laroche, Besprechung des HW Lfg. 2. und 3. in RA 48 (1954) 47 und L'adjectiv sarli- „supérieur" dans les langues asianiques, in FsFriedrich 294.

nimmst du dich wieder an"[22]. Zum Verbum *kappuwai-* mit seinen verschiedenen Bedeutungsnuancen s. zuletzt C.F. Justus, The Case of the Missing *dusdumi* and *lalami*, Minos 29-30 (1994-1995) 230f. und P. Taracha, Ersetzen (2000) 129 (mit Literaturhinweisen).

Auch der weitere Text ist sehr lückenhaft. Z. 31' bietet ein Fragment der Aufzählung der für den Wettergott von Zippalanda bestimmten Opfertiere, dann endet die Beschwörung mit einem Doppelstrich vor der Z. 32'. Die Beschreibung dieses Teils des ganzen Rituals ist sehr kurz und knapp.

B IV 32' erinnert an den Anfang der Beschwörung des himmlischen Wettergottes in B IV 3. Der Name des hier herbeigerufenen Gottes ist nicht erhalten.

B IV 40"ff.: Anfang einer neuen Anrufung. Wegen *ḫuišnuzi* in Z. 41" handelt es sich hier vielleicht um eine Variante des in A II 20' wiederhergestellten Sprichwortes, aber der Text ist zu lückenhaft für einen Rekonstruktionsversuch.

Z. 41"ff. ist wieder von dem Opfer/Ritual der Biene die Rede, das das Königspaar jenem angerufenen Gott (zu seiner möglichen Identifizierung s. unten) dargebracht hat, wobei das Prädikat des Satzes diesmal im Plural steht. Die Ergänzung und Übersetzung der Z. 41"f. kann vorerst nicht mehr als ein Versuch sein. In Z. 43"ff. wird die Bitte um die günstige Besorgung der ganzen Angelegenheit wiederholt.

B IV 45": Die Anrufung endet mit einem Doppelstrich, der das Ende der Ritualbeschreibung bezeichnet. Die dem herbeigerufenen Gott geopferten Tiere werden, wie in der Beschwörung des Sonnengottes im Exemplar B, erst nach dem Doppelstrich in den Z. 46"f. aufgezählt. Hierher gehören zwei Ziegenböcke *damnaššara-*, überdies noch „[Ziegenböcke(?)] des Feldes". Nach H.C. Melchert, Hittite *damnaššara-* 'domestic'/ ᵈDamnaššareš 'Household deities', JANER 1 (2001) 150ff., dürfte hier das Wort *damnaššara-* Haustiere bezeichnen, die den Tieren des Feldes gegenübergestellt werden; vgl. dort S. 155: „They give two *d.* he-goats and [so many . . .] of the open range".

In kultischen Texten ist ein Ziegenbockopfer für verschiedene Götter, auch für die Berggötter belegt[23]. Da das vorangehende Ritual dem Wet-

---

[22] Zur Übersetzung vgl. G. Wilhelm, Hymnen der Hethiter, in W. Burkert und F. Stolz (Hrsg.), Hymnen der Alten Welt im Kulturvergleich (OBO 131), Freiburg 1994, 63 und A. Ünal, Hethitische Hymnen und Gebete, TUAT 2.6, 797.

[23] S. dazu V. Haas, GHR 646.

tergott von Zippalanda gewidmet gewesen ist, drängt sich hier sofort der Gedanke auf, daß im nächsten Textfragment eine Beschwörung des Berggottes Taḫa(ja) vorliegen dürfte. Wie bekannt, erhob sich dieser Berg unweit von Zippalanda, und die Kulte dieser Stadt umfaßten auch Feste für den Berggott. Es sei daran erinnert, daß diesem Gott im Laufe der Kultzeremonien auf einmal sogar dreißig Ziegenböcke geopfert wurden (vgl. KBo 11.49 Rs. VI 15'ff., KUB 34.118+ r. Kol. 14')[24]. Der Gottesname ist wohl am Anfang der Anrufung B IV 40" zu suchen, und in der Tat dürften die schlecht lesbaren Zeichen nach der Lücke vielleicht als]x-*ḫạ*?-*jạ*? gelesen werden. Leider bietet der Text keine weiteren Argumente für diese Identifizierung, so kann der hier vorgelegte Vorschlag bloß als Vermutung gelten. Da aber auch der Wettergott von Zippalanda nur in dem behandelten magischen Ritual auftaucht, ist es *a priori* nicht auszuschließen, daß der Berggott Taḫaja in demselben Ritual herbeigerufen wurde. – Wie vorher, ist die Beschreibung dieses Einzelrituals sehr kurz und knapp.

B IV 48": Der Gesamttext endet mit der überraschenden Formel *nu QATI*, die einen typischen, d.h. im Vergleich mit den althethitischen Texten ausführlicheren Kolophon mittelhethitischer Beschwörungsrituale ersetzt. Zu dieser Wendung liegen m.E. keine Analogien unter den bekannten Kolophonen vor. – Die ursprüngliche Länge der Kolumne ist nicht zu bestimmen; vgl. dazu die Joinskizze in S. Košak, Konkordanz der Keilschrifttafeln III/2 (StBoT 43), Wiesbaden 1999, 239.

[24] S. dazu Verf., Zippalanda 62.

SACHLICHER KOMMENTAR

Die nachstehenden Bemerkungen zum sachlichen Inhalt des behandelten Rituals sind immer im Zusammenhang mit dem philologischen Kommentar zu sehen, in dem auch der sachliche Verlauf des Rituals, mindestens teilweise, wiederhergestellt worden ist.

Die sachlichen Bemerkungen werden unten nach den betreffenden Textstellen geordnet.

B I 39'': Wie schon im philologischen Kommentar bemerkt, bezeichnet SÍSKUR/SISKUR in unserem Ritual zumeist das Opfer. Dem Opferwesen hat V. Haas ein Kapitel seiner „Geschichte der hethitischen Religion" (S. 640ff.) gewidmet, in dem er, W. Burkert folgend, das Opfer als „Art der Ausübung des Kultes" definiert. Demnach ist dort vom Opfer hauptsächlich im kultischen Zusammenhang die Rede, und Beispiele aus magischen Ritualen werden nur selten herangezogen. Auch in Bearbeitungen der Beschwörungsrituale werden zu dem Ritualablauf gehörige Opfer gelegentlich als kultische Handlungen betrachtet; beispielweise sei hier M. Hutter, Behexung 104 und 111 genannt[1]. Wie es J. Klinger in seiner Besprechung des erwähnten Buches postuliert, seien „magische und kultische Handlungen dahingehend zu unterscheiden"[2]. Er selbst ist der Meinung, daß „Opfer in Beschwörungsritualen ... nicht als kultische Handlungen anzusprechen (sind), da sie den Zweck verfolgen, die Macht der Gottheit dem Beschwörer oder der Beschwörerin dienstbar zu machen und zum Nutzen der Opfermandanten anzuwenden"[3], wobei als Beweis gerade CTH 447 B III 7ff./A III 18ff. zitiert wird. Auch V. Haas, GHR 301 vertritt die Auffassung, daß die Götter den Gesetzen der Magie unterliegen (mit Verweis auf denselben Passus aus CTH 447).

Sicherlich sind der kultische und der magische Bereich nicht zu vermischen, aber die Sache verhält sich etwas anders. Sowohl im Kult als auch in der Magie befolgten die Hethiter das bekannte Prinzip *do ut des*, das mittels des Opfers verwirklicht wurde. Im Kult, für den seine Festigkeit und Beständigkeit besonders kennenzeichnend gewesen sind, prägte sich

---

[1] S. auch ders., Magie und Religion in Tunnawiya-Ritual KBo XXI 1 – KUB IX 34 – KBo XXI 6, in 34. CRRAI (1987) 88ff.

[2] J. Klinger, WO 22 (1991) 202ff.

[3] J. Klinger, l.c. 206.

die Sehnsucht des Menschen nach einem stetigen göttlichen Schutz aus, wobei seine Erwartungen meistens nur allgemein formuliert wurden. Im Rahmen der Magie wurden hingegen die Götter nur unter besonderen Umständen herbeigerufen, darüber hinaus hatte jedes magische Ritual immer eine bestimmte Ursache. Opfer im Kult und Magie waren ähnlicherweise von den an die Götter gerichteten Bitten begleitet, die verschiedene Gestalten (Gebet, Segenswunsch, Anrufung, Beschwörung) annehmen konnten. Es sei betont, daß auch eine magische Beschwörung bloß als Bitte zu verstehen ist. Ausnahmen von dieser Regel finden sich gerade in CTH 447 und 446 (s. unten), wo die herbeigerufenen Gottheiten (unterschiedlich in beiden Ritualen) bedroht werden, falls sie die an sie gestellten Forderungen nicht erfüllen. In dieser Hinsicht sind aber die beiden Rituale isoliert, und ihre merkwürdigen Sprüche konnten nicht das allgemeine Konzept der hethitischen Magie beeinflussen, die – gegen die modernen Spekulationen – der Religion nicht gegenübergestellt werden konnte. Zum weiteren s. unten zu B I 40".

B I 40" taucht zum erstenmal *kēl ŠA* SÍ]SKUR *lingai*[*š* „der Eid(gott) dieses Rituals" auf, der an anderen Stellen als *linkijanza* (A II 6', B II 40') bzw. *NIŠ* DINGIR^{LIM} (A III 21) bezeichnet wird. Die Eidgötter treten meistens in Verträgen, Eiden und verwandten Texten auf; vgl. dazu CHD L-N 64ff. mit früherer Literatur. CTH 447 ist m.E. das einzige hethitische Beschwörungsritual, in dem der Eidgott eine Rolle spielt. Man darf denken, daß dieses Ritual als eine Art Eid angesprochen wurde. Dieser Schluß könnte durch die Anwesenheit des *šarra-* „brechen" in Z. 39" erhärtet werden, da dieses Verbum in den Verträgen den Eidbruch bezeichnet. Es sei hier ein ähnlicher, besser erhaltener Passus B II 38'ff. angeführt, der uns die Funktion von *šarra-* in der Beschwörung deutlich macht: „Wenn du aber ... das brichst (*šarra-*) und dich <nicht> helfend dem König und der Königin stellst, soll es dir geschehen, (daß) dich der Eidgott dieses Rituals packt!". Die zitierte und ähnliche Aussagen des Rituals werfen scheinbar ein Licht auf die Natur der hethitischen Beschwörungsrituale (s. schon oben zu B I 39"), vergessen wir aber nicht, daß für die diskutierte Beschwörungsart in CTH 447 nur eine Parallele, und zwar in der Beschwörung der Unterirdischen CTH 446, vorhanden ist.

Bemerkenswert ist, daß als Eidgott hier sicherlich keiner der Götter in Betracht kommt, an die das Ritual gerichtet wurde. Alles zeigt darauf, daß der Abschluß eines Vertrages jedesmal seinen Eidgott in die Existenz rief, und auf dieselbe Weise muß auch der Eidgott unseres Rituals gebildet worden sein.

Überraschend ist der Einfall, um die Götter mit dem Eidgott zu bedrohen, falls sie die an sie gestellten Bitten nicht erfüllen. Das einzige Beispiel eines ähnlichen Verhältnisses zu den Göttern liegt in der schon erwähnten Beschwörung der Unterirdischen vor, CTH 446 Rs. III 26ff.: „Wenn ihr (die uralten Götter) aber die Rechtssache dieses Hauses nicht günstig entscheidet, dann soll euch unten die Erde zum 'Mörser' werden, oben aber der Himmel zum 'Stößel' werden und . [. . . .] darin zerstampfen! Brotopfer soll euch niemand brechen, und nicht sollt ihr Zeder(nholzduft) als Erfrischung kosten!"[4].

Man fragt sich, ob alle Götter in dieser Weise behandelt werden durften. In CTH 447 werden mit dem Eidgott nur Ḫilašši, die Gulš-Gottheiten und die Sonnengöttin der Erde bedroht, wobei die letztgenannte Göttin, mindestens unseren Vorstellungen zufolge, zu den grössten Gottheiten Altanatoliens zählte. Höchstwahrscheinlich kamen hier ausschließlich die chthonischen Gottheiten in Betracht, folglich ist diese Tatsache für unser Verständnis ihres Wesens von Bedeutung.

A II 7'ff.: Der Passus bietet die Beschreibung eines Opfermahls am Flußufer und einer danach folgenden magischen Handlung, deren Varianten auch in A III 22ff., B III 48f. und IV 17 vorliegen. Die erwähnte Handlung war kaum kompliziert. Es wurden dabei verbrannte Knochen und ein als böse Zunge benannter Gegenstand verwendet. Infolge eines Analogiezaubers (II 10'ff.) sollte jene böse Zunge zu Asche werden, die der Fluß hinausschaffen würde.

Die beschriebene Szene ist von Bedeutung für die oft diskutierte magische Handlung, deren Symbol der biblische Sündenbock ist[5]. In den magischen Ritualen treten gelegentlich Personen, Tiere bzw. Gegenstände

[4] Zitiert nach H. Otten, Eine Beschwörung der Unterirdischen aus Boğazköy, ZA 54 (1961) 131; im Kommentar zu diesem Passus (S. 154) wird übrigens 2413/c = B III 5ff. angeführt.

[5] Zu diesem Thema s. N. van Brock, Substitution rituelle, RHA XVII/65 (1959) 117ff., H.M. Kümmel, Ersatzkönig und Sündenbock, ZAV 80 (1968) 289ff., O.R. Gurney, Some Aspects of Hittite Religion, The Schweich Lectures of the British Academy, Oxford 1977, 47ff., B. Janowski – G. Wilhelm, Der Bock, der die Sünden hinausträgt, in B. Janowski et al. (Hrsg.), Religionsgeschichtliche Beziehungen zwischen Kleinasien, Nordsyrien und dem Alten Testament. Internationales Symposion Hamburg 17-21.März 1990, Freiburg/Göttingen 1993, 109ff. und V. Haas, Betrachtungen zur Traditionsgeschichte hethitischer Rituale am Beispiel des „Sündenbock"-Motivs, in FsHoffner (2003) 131ff.

auf, deren Aufgabe ist, das magische Übel irgendwohin wegzunehmen. In unserem Text erscheint der Fluß als Träger des Übels. Als ein anderes Beispiel sei hier KBo 12.94, 3'ff. angeführt: „ ... bringe (es) [zum] Roten Fluß, [der] Rote Fluß soll weiter zum [Fluß Marrašša]ntija gehen, [der Fluß Maraššanti]ja aber [soll] es zum Meere bringen [...], die böse Verzauberung von Menschheit, Rind und Schaf!"[6]. Weitere Analogien sind in anderen magischen Ritualen, meistens fremder Herkunft, zu finden; vgl. insbesondere KUB 29.7+ Rs. 48ff.[7] und KUB 39.71 Rs. IV 9ff.[8].

Diese Rolle des Flußes in der magischen Reinigung wird in einem mythologischen Passus aus (unv.) Bo 3617 Vs. I 8'ff. verdeutlicht: „Als sie Himmel und Erde nahmen, da trennten sich die Götter und die Überirdischen nahmen sich den Himmel, die Unterirdischen aber nahmen sich die Erdscholle (und) die Unterwelt. So nahm sich jeder das Seine (Abschnittsstrich). Du aber, Fluß, hast dir das Reinigen, Leben der Nachkommenschaft und Fortpflanzungskraft? genommen ..."[9]. Es sei betont, daß das Reinigen hier an erster Stelle genannt wird. Dies erklärt, warum die Reiniguns- und ähnliche Rituale, zu denen auch die Beschwörungen des ersten Tages in unserem Text zählen, oft am Flußufer vollzogen wurden. Gelegentlich wird das Reinigungsritual zusammen mit dem Ritual des Flußes genannt, vgl. z.B. KUB 7.53 + KUB 12.58 Rs. IV 43f. Abschließend sei noch daran erinnert, daß der Fluß als eine Göttin galt und in Gestalt eines Frauenbildes dargestellt und verehrt werden konnte[10].

Zu beachten ist ebenfalls die Erwähnung der bösen Zunge in A II 11', wo sie ein Gegenstand der magischen Handlung ist. Es sei bemerkt, daß die Biene in diesem Teil des Rituals, vielleicht zufällig, nicht genannt wird (der erhaltene Text ist sehr lückenhaft). Die böse Zunge erscheint oft in magischen Ritualen, insbesondere in mittelhethitischen Texten, und wurde aus-

---

[6] Zitiert nach H. Otten, Eine althethitische Erzählung um die Stadt Zalpa (StBoT 17), Wiesbaden 1973, 21.

[7] Bearbeitet von R. Lebrun, Samuha 124 und V. Haas, Magie in hethitischen Gärten, in FsOtten[2] 130f.

[8] Der letztgenannte Text gehört zu den *babilili*-Ritualen; zu dieser Textgruppe vgl. zuletzt G. Beckman, Babyloniaca Hethitica: The „babilili-Ritual" from Boğazköy (CTH 718), in K.A. Yener and H.A. Hoffner, Jr. (eds.), Recent Developments in Hittite Archaeology and History. Papers in Memory of Hans G. Güterbock (2002) 35ff.

[9] Zitiert nach H. Otten und J. Siegelová, Die hethitischen Gulš-Gottheiten und die Erschaffung der Menschen, AfO 23 (1970) 33.

[10] Zum Kultbild des Zulija-Flußes s. KUB 38.7 (Rs.) 18'.

führlich kommentiert[11]. Die Zungen (im Plural, logographisch EME$^{HI.A}$) bezeichnen sowohl boshafte als auch therapeutische magische Beschwörungen; s. dazu CHD L-N 23ff. Im behandelten Text tritt die böse Zunge in Gestalt eines Gegenstandes auf; zu vergleichen sind hier die Zungen aus Ton (wie z.B. in KBo 11.12 Vs. I 4), aus Wachs und Teig, wie im Ritual der Maštigga[12], andererseits aber auch aus verschiedenen Metallen, z.B. aus Eisen[13].

Da die böse Zunge nur hier und in A III 27 belegt ist, drängt sich der Gedanke auf, daß wir es in den betreffenden Sprüchen mit stereotypischen, oft rezitierten Beschwörungsformeln zu tun haben, in denen die Realien der gegebenen Situation, und zwar die wirkliche Ursache des Rituals, nur teilweise berücksichtigt werden. Somit soll die Erwähnung der bösen Zunge in unserem Ritual eher als zufällig gelten, und als seine einzige Ursache bleibt die Biene, die schon in B I 56" auftaucht und dann mehrfach, bis zur letzten Beschwörung erwähnt wird.

A II 15f.: Das Schwein, das hier in der Bilanz der Opfergaben für die Gulš-Gottheiten auftritt, erscheint oft in den Beschwörungsritualen als Tier, das diesen Gottheiten geopfert wurde.

A II 17'ff.: Wie V. Haas, GHR 647 Anm. 72 bemerkt, ist das Schaf ein beliebtes Opfer für die Sonnengöttin der Erde. Hier werden ein schwarzes und zwei weiße Schafe der Göttin geopfert. Nach GHR 648 dürften schwarze Tiere und die schwarze Farbe überhaupt den chthonischen Gottheiten entsprechen, doch wissen wir, daß schwarze Schafe auch den himmlischen Göttern dargebracht wurden.

A II 22': Hier findet man wieder (vgl. schon B I 56"') die Biene als Ursache des Rituals. Wir lesen, daß gerade die Sonnengöttin der Erde diese Gottheit ist, die die Biene herschicken konnte, aber in der ersten Beschwörung des Rituals (deren Text nur bruchstückhaft erhalten ist) wurde diese Tat zunächst wohl dem Gott Ḫilašši zugeschrieben. Auf Grund von A II 25'ff., A III 15ff., B III 33ff., B IV 8ff. und B IV 40"ff. ist es klar, daß jene Biene als schlechtes Omen angesprochen und in dieser Bedeutung mit dem sprich-

[11] Vgl. CHD L-N 22ff., ferner auch G. Szabó, Ein hethitisches Entsühnungsritual für das Königspaar Tutḫalija und Nikalmati (THeth 1), Heidelberg 1971, 52f., M. Hutter, Behexung 73f., 109, 113f., G. Beckman, The Hittite „Ritual of the Ox" (CTH 760.I.2-3), Or 59 (1990) 40ff. und ders., The Tongue is a Bridge: Communication between Humans and Gods in Hittite Anatolia, ArOr 67 (1999) 525.

[12] S. dazu L. Rost, Ein hethitisches Ritual gegen Familienzwist, MIO 1 (1953) 348ff.; zum Text s. jetzt KBo 39.8.

[13] Vgl. J. Siegelová, Eisen 103f.

wörtlichen (s. unten) schlechten Vogel verglichen wurde. Unter welchen Umständen die erwähnte Biene als schlechtes Vorzeichen anerkannt wurde, wissen wir nicht. Wahrscheinlich hatte dabei eine Wahrsagungsart die Rolle gespielt, zugleich aber wurde es nicht festgestellt, welche Gottheit für die Zusendung der Biene verantwortlich gewesen ist. Deswegen wird das Ritual an verschiedene Gottheiten gerichtet, wobei die Kriterien ihrer Auswahl uns wieder unbekannt sind. Es sei aber bemerkt, daß diese Auswahl keineswegs als zufällig gelten kann, überdies wurden die Götter in einer bestimmten Ordnung, mit Ḫilašši am Anfang ihrer Liste, herbeigerufen.

In der hethitologischen Literatur werden der Biene zumeist positive Eigenschaften zugeschrieben, aber die magischen Rituale zeigen, daß die Hethiter sie eher negativ wahrnahmen. In den anatolischen Mythen kommt zwar die Biene als Bote und Helferin der Götter vor, doch konnte sie in der menschlichen Welt, wie es unser Ritual beweist, Unglücksbote sein. Wie die Hethiter glaubten, führte der Stich der Biene eine Art Unreinheit herbei und bedurfte einer Gegenwirkung; vgl. den Anfang des magischen Rituals KUB 53.50 Vs. I 1f. ... ^{MUNUS}ŠU.GI *ma-a-an-za-kán* NIM.LÀL (2) [*an-tu-uḫ-š*]*a-an e-ep-zi* ... „(NN), die Weise Frau. Wenn die Biene einen Menschen sticht ...", wobei im weiteren Text auch der Adler und die Schlange als Übeltäter genannt werden. Im magischen Ritual KUB 43.62 treten der Adler, die Biene und die Schlange im unvollständigen Kontext auf und scheinen dort entsprechend drei Wirkungssphären – den Himmel, die Erde und die Unterwelt – zu symbolisieren. Andere magische Kontexte, in denen die Biene auftaucht, sind unklar. Die Vermutung, daß sie gelegentlich als Heilsspenderin gegolten hätte[14], erscheint kaum begründet.

A II 26'f. „... mache sie (sc. die Biene) zum günstigen Vogel ...": Den Ausdruck „ein günstiger Vogel" verwendet man hier, vielleicht sogar im Rahmen der damaligen poetischen Sprache, in übertragener Bedeutung. In der Tat ist einfach ein gutes Vorzeichen gemeint. Die Ausdrücke „ein schlechter Vogel" und „ein günstiger Vogel" sind in mehreren Sprachen vorhanden, auch als Bestandteil der Sprichwörter, und gehören zu den Relikten der alten Denkungsart. Eine andere hethitische Bezeichnung der schlechten Vögel ist *ḫatugauš* (Akk. Pl.) MUŠEN$^{ḪI.A}$ „schreckliche Vögel" KBo 4.2 Vs. I 16[15].

---

[14] Vgl. V. Haas, GHR 301, wobei KUB 43.60 Vs. I 6-15 als Beispiel angeführt wird.

[15] Vgl. auch *ḫatugaeš wattaeš* II 32 und dazu H. Kronasser, Das hethitische Ritual KBo IV 2, Die Sprache 8 (1962) 93.

A II 29' *ku-iš-ša-an* UDU$^{HI.A}$*-aš ḫu-li-ja-aš* ... „(Und) die Wolle der Schafe, die auf (ihnen ist, ist lang, ...)”: Zur Wendung s. den philologischen Kommentar zu B IV 12ff. In B IV 15 tritt *pankur* „Haar” anstelle von *ḫulija-* auf. Außer der Länge (wobei sich dieses Wort genauer auf das Tierhaar bzw. auf das Wollgarn bezieht) könnte hier zusätzlich eine magische, mit der Wolle bzw. Tierhaar verbundene Vorstellung in Betracht kommen. Sowohl das Wollvlies (^{SÍG}*ešri*) als auch das Tierhaar erscheinen in verschiedenen Varianten des Mythos vom verschwundenen Gott, in denen sie den Wortschatz der magischen Sprüchen in der Art von Analogiezauber bereichern; vgl. z.B. KUB 33.54+47 Vs. II 13ff., KUB 17.10 Rs. IV 1ff., KBo 21.10 Vs. I 2'ff.

Aus den Mythen, die ja oft magische Vorstellungen widerspiegeln, ist hier ein Fragment aus dem Gespräch der Throngöttin mit dem Adler, KUB 29.1 Vs. II 5ff., erwähnenswert, in dem von zwei uralten „unteren” Göttinnen Ištuštaja und Papaja die Rede ist: „Sie (die Throngöttin) aber fragt ‘Was sie machen?’. Jener (der Adler) antwortet ihr: ‘(Eine jede) hält einen Spinnrocken, (und) sie halten volle Spindeln. Und des Königs (Lebens-)Jahre spinnen sie; die Kürze der Jahre und ihre (begrenzte) Anzahl wird nicht gesehen’”[16]. Die langen Lebensjahre stehen hier in magischer Beziehung zum Wollgarn, also indirekt auch zur Wolle selbst.

B II 42' „neun Dickbrote”: Die Zahl „neun” erscheint oft in unserem Ritual und bezieht sich überwiegend auf Gegenstände und Handlungen; vgl. neun Dickbrote (B II 42', A III 12, B IV 1 und 16), neun Schafe (A III 12), neun (Wein)rationen (A III 12). In A III 22f. ‘trinkt’ man die Sonnengöttin der Erde neunmal, B IV 21 ruft man neunmal. Beachtung verdienen der Ausdruck B III 27ff. „dieses Opfer der Biene [(als) Gabe] neunmal gegeben” sowie auch der Satz A III 16f. „mache ihn neunmal zum günstigen Vogel!”, vgl. dazu auch A II 17' und B III 35. Auch in anderen magischen Ritualen, darüber hinaus in Festbeschreibungen, begegnet man dieser Zahl ziemlich oft. Im Gegensatz zur Zahl „sieben”, die den mesopotamischen bzw. semitischen Kulturkreis charakterisiert, gehört die Zahl „neun” zur anatolischen Überlieferung, aber tritt auch in den Ritualen fremder, hurritischer Herkunft auf. Eine Vorliebe zu dieser Zahl ist ebenfalls in altgriechischen Mythen sichtbar[17].

---

[16] Zur Übersetzung vgl. u.a. N. Oettinger, Die Militärischen Eide der Hethiter (StBoT 22), Wiesbaden 1976, 64f., V. Haas, GHR 725 und zuletzt M. Ofitsch, Zu heth. *ḫuesa-*: Semantik, Etymologie, kulturgeschichtliche Aspekte, in StBoT 45 (2001) 482f.

[17] Zur symbolischen Bedeutung der Zahl „neun” s. O.R. Gurney, Journal of the Department of English 14 (1978-79) 27ff. Zur Zahl „neun” im Kult von Zippalanda s. Verf., Zippalanda 68f.

A III 26ff.: Wie schon bemerkt, ist die Beschwörung der Sonnengöttin der Erde vermutlich um Elemente aus einem anderen Ritual bereichert, denen wohl auch die Erwähnung der bösen Zunge und eines schlechten Vogels in dieser Passage zuzuweisen ist. Die Gegenwirkung der bösen Zunge ist die Aufgabe der Beschwörerinnen in zahlreichen magischen Ritualen[18]. Die magische Einwirkung der bösen Zunge, d.h der Gerede, scheint in besonderer Weise mit der Sonnengöttin der Erde verknüpft zu sein. Im bekannten mh. Gebet an die Göttin lesen wir schon am Anfang des erhaltenen Textes: „Wenn ihn sein [Vater] verleumdet hat, höre du ihn nicht! Wenn ihn [seine] Mutter verleumdet hat, höre du sie nicht! Wenn ihn sein Bruder verleumdet hat, höre du ihn nicht ..."[19].
B III 20ff.: Die Kultstele im Hain bzw. Wald (GIŠTIR) wird gelegentlich in Kulttexten erwähnt, s. dazu auch V. Haas, GHR 508. Nach KUB 25.32+ Rs. III 15ff. und 32ff. befanden sich im Wald der Stadt Akalia die Kultstelen (NA4 ZI.KIN) des Wettergottes des Lagers und der Sonnengöttin der Erde. Eine Kultstele (NA4*ḫuwaši-*) des Kriegsgottes im Wald in der Gegend von Ḫupišna ist in KBo 20.72++ Rs. III 16'ff. belegt[20]. Da der Begriff *arḫuz(za)na-/warḫuizna-* zuletzt als (eine Art) Wald gedeutet wird[21], sei es daran erinnert, daß in Festbeschreibungen in Bezug auf *a./w.* Kultstelen verschiedener Götter genannt werden[22].
B III 26ff.: Diese Passage zeigt, daß nicht nur die Unterweltsgottheiten, sondern auch der Sonnengott in Betracht kommt als jener Gott, der die unglückverheißende Biene herschicken konnte.
B III 36 *na-an k*]*u-iš* DINGIR*LUM* *IŠ-PUR* „der Gott, der [sie (sc. die Biene)] schickte" – vgl. auch B I 56''' sowie B IV 9 (erg.): In diesem Passus erscheint der Sonnengott offensichtlich als Vermittler zwischen dem Kö-

---

[18] S. dazu V. Haas, GHR 884ff.

[19] CTH 371 Vs. I 6'ff. Zu diesem Gebet s. zuletzt I. Singer, Hittite Prayers (Writings from the Ancient World), Atlanta 2002, 21ff. Zur deutschen Übersetzung vgl. J. Friedrich, Ein hethitisches Gebet an die Sonnengöttin der Erde, RSO 32 (1957) 220, und A. Ünal, Hethitische Hymnen und Gebete (TUAT 2.6), Gütersloh 1991, 794.

[20] Ein Fest für die Göttin Ḫuwaššanna, zum Text s. A. Lombardi, Una festa per Ḫuwaššanna celebrata da una regina ittita, SMEA 41 (1999) 219ff., insb. 237 und 240.

[21] Vgl. dazu M. Nakamura, Das hethitische *nuntarriyašḫa*-Fest (2002) 164 Anm. 66 und N. Oettinger, Hethitisch *warḫuizna-* „Wald, heiliger Hain" und *tiyessar* „Baumpflanzung" (mit einer Bemerkung zu dt. *Wald*, engl. *wold*), in Silva Anatolica (2002) 253ff.

[22] S. dazu u.a. Verf., Zu einigen Kultstätten zwischen Ḫattuša und Arinna, in GsImparati 665ff. (mit Literaturhinweisen).

nigspaar und einem unbekannten Gott, der die Biene, die Ursache des Rituals, herschicken konnte. Die Idee der göttlichen Vermittlung zwischen den Göttern und den Menschen taucht in hethitischen Gebeten ab mh. Periode auf. Der Sonnengott wird in ihnen dargestellt als jener Gott, der sich immer um die Menschen kümmert, obgleich sich andere Götter über sie ärgern: „Eines Menschen, dem die Götter zürnen und den sie verstoßen, dessen nimmst du dich wieder mit Erbarmen an"[23]. Noch nähere Parallelen sind im ebenfalls mh. Gebet des Kantuzzili erkennbar: „We[lcher(?)] Gott schre[cklich] zornig wurde, hat er seine Augen nach einer anderen Seite gewendet und er erlaubt nicht dem Kantuzzili zu wirken. Ist er im Himmel oder in der Unterwelt, wirst du, Sonnengott, zu ihm gehen. Spreche zu jenem Gott, und übermittle ihm die Worte des Kantuzzili ...", und im weiteren: „[Sonnengott, du bist der Hirt des Ganzes], und allen ist deine Botschaft mild. [Der Gott, der mir] zürnte und mich verworfen hat, soll sich meiner wieder [annehmen(?) und mich] erretten ..."[24]. Ob in unserem Ritual auch dem himmlischen Wettergott die Rolle des Vermittlers zugeschrieben wurde, ist unklar, da das betreffende Textfragment (B IV 8ff.) unvollständig erhalten ist. Im mh. Gebet CTH 371[25] treten als Vermittler niedrige Gottheiten aus der Suite der Sonnengöttin der Erde auf.

B IV 15: Hier wird das Wort *pankur* „(Tier-)Haar" anstelle des *ḫulija-* „Wolle" der ähnlichen Aussagen unseres Rituals verwendet; vgl. den Kommentar zu A II 29'f. Man begegnet ihm, ebensowie *ḫulija-* „Wolle" und *ešri-* „Schafvlies", in zahlreichen magischen Sprüchen in verschiedensten Kontexten. Alle drei Begriffe gehören in die Terminologie der Tierzucht; ihr häufiger Gebrauch in der Magie und im Mythos weist auf die Bedeutung der Tierzucht in der damaligen Wirtschaft, folglich auch im alltäglichen Denken, hin.

---

[23] CTH 372.A I 46ff. Zu diesem Gebet s. zuletzt I. Singer, Hittite Prayers (Writings from the Ancient World), Atlanta 2002, 36ff. Zur Übersetzung vgl. G. Wilhelm, Hymnen der Hethiter, in W. Burkert und F. Stolz (Hrsg.), Hymnen der Alten Welt im Kulturvergleich (OBO 131), Freiburg 1994, 63 und A. Ünal, Hethitische Hymnen und Gebete, TUAT 2.6, 797. Dieser Passus wurde von H.G. Güterbock, An Addition to the Prayer of Muršili to the Sungoddess and its Implications, AnSt 30 (1980) 48 mit parallelen Textstellen aus CTH 374.1 und 376 zusammengestellt, s. dazu auch CHD Š 14b.

[24] KUB 30.10 Vs. x+1ff. und Rs. 1ff. Zur Übersetzung vgl. H.G. Güterbock, Some Aspects of Hittite Prayers, in T.T. Segerstedt (ed.), The Frontiers of Human Knowledge, Uppsala 1978, 133f. und zuletzt I. Singer, l.c. 31f.

[25] Zum Text s. J. Friedrich, Ein hethitisches Gebet an die Sonnengöttin der Erde, RSO 32 (1957) 217ff.

ZU DEN GOTTHEITEN DES RITUALS

Die Beschwörungen des Rituals richten sich an sieben Gottheiten, die in zwei Gruppen geteilt werden. Die erste Gruppe bilden die Unterweltsgottheiten, in die zweite Gruppe gehören dagegen zwei himmlische und zwei örtliche(?) Götter. Das Ritual für die Unterweltsgottheiten wurde am ersten Tag ausgeführt.

Als erster wurde der Gott Ḫilašši herbeigerufen. Der GN erscheint ziemlich oft sowohl im Kult als auch in der Magie[1]. Der älteste Beleg liegt im mh. Text KUB 43.30 Rs. III 9' vor, dessen Götterkreis Verknüpfungen mit der südanatolischen Götterwelt aufweist[2]. Die Namensform wurde längst als luwisches Adj. gen. gedeutet und als „Gottheit des Hofes" bzw. „der zum Hof gehörige (Gott)" übersetzt[3]. Der Kult dieses ursprünglich wohl luwischen Gottes mußte sich in Zentral- und Nordanatolien in mh. Zeit verbreiten. Dann tritt er in Ritualen verschiedener Provenienz und in wechselnden Götterreihen auf; man findet ihn sogar unter den palaischen Gottheiten, andererseits aber in den Texten der hurritischen Kultschicht. Bilder dieses Gottes werden nur indirekt im Zusammenhang mit verschiedenen Tempelnamen erwähnt. In der Literatur bezeichnet man den Gott oft als Genius, wobei dieser Begriff zumeist nicht näher erklärt wird. Über sein Wesen wissen wir eher wenig, und Erklärungsversuche in dieser Richtung stützen sich auf die Etymologie seines Namens. Im Lichte des mh. Gebets an die Sonnengöttin der Erde (CTH 371) gehörte Ḫilašši in die Suite der Sonnengöttin der Erde, ist also eindeutig als Gott der Unterwelt zu betrachten. Im erwähnten Gebet steht sein Name am Ende der Götterliste, und diese Tatsache weist auf seine niedrige Stellung am Hof der chthonischen Sonnengöttin hin. Warum er als erster Gott unseres Rituals auftaucht, ist unklar.

Auch die Gulš-Gottheiten sind abwesend in althethitischen Texten und erscheinen unter diesem Namen erst in mh. Periode, also in der Zeit als

---

[1] Belegstellen bei B.H.L. van Gessel, Onomasticon of the Hittite Pantheon Part 1 (1998) 150ff. und Part 3 (2001) 303f., mit Literaturhinweisen.

[2] Zu diesem Text s. zuletzt D. Yoshida, Untersuchungen zu den Sonnengottheiten bei den Hethitern (THeth 22), Heidelberg 1996, 87f., mit früherer Literatur.

[3] Vgl. schon E. Laroche, Recherches sur les noms des dieux hittites, RHA VII/46 (1946-47) 69. Zur luwischen Namensform Ḫilaššiti (Dat.) s. F. Starke, Untersuchung zur Stammbildung des keilschrift-luwischen Nomens (StBoT 31), Wiesbaden 1990, 188.

sich die luwischen Kulte nördlich von Ḫattuša verbreiteten. Zum Wesen und Funktion dieser Gottheiten ist heute eine ausführliche Literatur vorhanden[4], trotzdem bleiben manche Fragen unbeatwortet.

Ähnlich wie Ḫilašši, sind die Gulš-Gottheiten dem unterirdischen Götterkreis zuzuweisen. Dieser Kollektivbegriff umfaßt verschiedene Gottheiten, deren Liste wahrscheinlich noch unvollständig ist[5]. In den Texten bilden sie zumeist eine Göttergruppe mit DINGIR.MAḪ$^{\text{MEŠ/ḪI.A}}$, heth. Taraweš, und dann gelten sie für Schicksals- und Geburtsgöttinnen[6]. In den hethitischen Ritualen hurritischer Herkunft treten Gulšeš und Taraweš anstelle der entsprechenden hurritischen Namensformen Ḫudena-Ḫudellurra auf. Es ist evident, daß die nordsyrisch-hurritischen Vorstellungen das Wesen der anatolischen Schicksals- und Geburtsgöttinnen stark beeinflußt haben. Andererseits darf man nicht vergessen, daß die Gottheiten dieser Art in Südanatolien schon früher verehrt werden mußten, und es wäre erwünscht, sie näher zu erkennen und ihre anatolischen Züge, die hinter den nordsyrisch-hurritischen Ideen versteckt sind, in den Vordergrund zu stellen.

Wenn wir einzelne Beschwörungen des behandelten Rituals miteinander vergleichen, wird es deutlich, daß sein Verfasser (bzw. die Verfasserin) vor allem die Sonnengöttin der Erde der Zusendung der unglückverheißenden Biene verdächtigte. In der Tat tritt sie sehr oft als Hauptgöttin magischer Rituale, überdies selbstverständlich auch im Kult auf[7]. Da sie zu den wichtigsten anatolischen Gottheiten zählt, wird sie in der hethitologischen Literatur oft erwähnt und kommentiert, doch steht ihre vollständige Monographie noch aus. Es reicht hier zu bemerken, daß mehrere Kontexte, in denen der Name der Göttin auftaucht, interessante Forschungsergebnisse verkünden.

---

[4] Belegstellen bei B.H.L. van Gessel, l.c. Part 1, 249ff. und Part 3, 313ff., mit älterer Literatur.

[5] Zu diesen Gottheiten s. P. Taracha, Ersetzen (2000) 185ff.

[6] Tarawa (Sg.) wird im mh. Gebet an die Sonnengöttin der Erde als sie begleitende Gottheit erwähnt; danach kommt noch Paraja vor, und es erscheint wahrscheinlich, daß mit diesem Namen auch eine der Schicksalsgöttinnen gemeint ist.

[7] Zu dieser Göttin s. zuletzt D. Yoshida, l.c. 254ff., G. Torri, Lelwani. Il culto di una dea ittita, Roma 1999, 89ff. und P. Taracha, Ersetzen (2000) 178ff. (mit früherer Literatur). Die meisten Belegstellen werden von B.H.L. van Gessel, l.c. Part 2, 871ff. und Part 3, 378f. zusammengestellt.

Die südanatolische Herkunft der Göttin erscheint heute sicher[8]. Ihr hethitischer Name *taknaš* ^{D}UTU ist wohl eine Übersetzung des luwischen *tijammaššiš* ^{D}*Tiwaza* (KUB 35.45 Vs. II 26, s. auch KUB 35.107(+) 108 Vs. II 12').

Gut bekannt ist die merkwürdige Tatsache, daß in Nordanatolien die typischen Erd- und Muttergöttinnen mit dem Wort für die Sonne (hatt. Eštan, heth. Ištanu) benannt wurden[9]. Bisherige Erklärungsversuche dieses Tatbestandes führen sich auf rein theoretische Spekulationen zurück, deren Ergebnisse kaum überzeugend sind. Wie es der Name der Sonnengöttin der Erde bestätigt, galt das erwähnte Prinzip auch im Süden und ist somit als Eigenart der ganzen altanatolischen Religion anzusehen.

Die Idee der unterirdischen Sonne war fremd der althethitischen Religion, in der die Unterwelt durch den Gott Lelwani und die ihn begleitenden Gottheiten vertreten wurde[10]. Die Sonnengöttin der Erde als Herrin der Unterwelt mit ihrer Suite erscheint im Norden gegen Ende der ah. Zeit. Der älteste Beleg ihres Namens liegt in KBo 17.7+ Rs. IV$^{!}$ 8' vor; vgl. auch den mh. Text KUB 31.143a+ VBoT 124 Rs. III 5', in dem sich der GN nach dem jh. Duplikat KUB 60.20 Rs.$^{?}$ 5' ergänzen läßt. Der Kult der Göttin im Norden bezeichnete das Nebeneinander genuiner und südanatolischer Vorstellungen von der Unterwelt und ihren Gottheiten, und, wie es den magischen Ritualen zu entnehmen ist, setzten sich im Laufe der Zeit gerade die ortsfremden Meinungen durch.

Im Lichte älterer Texte hatte die Sonnengöttin der Erde keinen Gemahl, bemerkenswert ist aber, daß im oben erwähnten mh. KUB 43.30 Rs. III 5'ff. im Paar mit dem Wettergott des Himmels eine Göttin *annaš taganzipaš*

---

[8] Dazu zuletzt P. Taracha, l.c. 178ff.

[9] Sicherlich verehrten die Hattier und dann auch die Hethiter die himmlische Sonne ebenfalls. Unter den Sonnengöttinnen älterer Texte kommt hier wohl jene in Betracht, die „unter den Göttern" *la-lu-u*[*k-ki-ma-aš*] DINGIR-*uš* „Gottheit des Glanzes" (KBo 25.112 Vs. II 12'f. = hatt. *ka-aš-ba-ru-ja-aḫ le-e-*^{D}UTU, KUB 28.75 Vs. II 22) genannt wurde. Vom Interesse ist, daß diese Göttin nach der Libation KASKAL-*ši MA-ḪAR* A.ŠÀ A.GÀR „unterwegs, vor dem Feld und Flur" (KBo 25.112 Vs. II 10' und KUB 28.75 Vs. II 20), also im Freien angerufen wurde, und auch diese Tatsache scheint für ihre Identifizierung mit der himmlischen Sonnengöttin zu sprechen.

[10] Die hattisch-hethitische Bilingue KBo 37.1 Vs. I-II 3ff. lehrt uns, daß Lelwani ursprünglich eine männliche Gottheit gewesen ist, und die von G. Torri, l.c. 53ff. vorgelegten Gegenargumente in dieser Hinsicht sind schwach und leicht zu entkräften.

„Mutter-Erde" (im Duplikat KBo 11.32 Vs. 31 *annaš* KI-*aš*) vorkommt, die im Paralleltext Bo 3895 Z. 10' durch *taganzipaš* ^{D}UTU-*uš* ersetzt wird. Die Frage, ob diese Mutter-Erde der Sonnengöttin der Erde entspricht, bleibt immerfort offen.

In der Großreichszeit fand der Kult der Göttin weite Verbreitung, wovon u.a. die lange Liste ihrer Kultzentren in KBo 34.203++ Rs. III 4'ff. zeugt[11]. Zuweilen wurde sie in die Lokalpanthea integriert, wobei als ihr Gemahl gelegentlich ein Wettergott mit dem Beiwort „des Himmels" vorkam. Gute Beispiele dafür bieten sich in den Texten zum Kult in Zippalanda. Obwohl die Göttin in zahlreichen Städten verehrt wurde, fehlt ihr Name auf den Götterlisten der Bildbeschreibungen aus dem 13. Jh. v. Chr. Ihre einzige bekannte Darstellung findet sich m.E. auf einem Orthostat vor dem Sphinxtor von Alacahöyük. Dieser Ort wird als berühmtes hethitisches Kultzentrum Zippalanda identifiziert, und die vorgeschlagene Deutung der erwähnten Darstellung steht im Zusammenhang mit der Anwesenheit eines Tempels der chthonischen Sonnengöttin in dieser Stadt[12].

In den Ritualen nordsyrisch-hurritischer Herkunft tritt der Name der Sonnengöttin der Erde anstelle dieses der hurritischen Unterweltsgöttin Allani auf. Die fremden Ideen haben das Bild der anatolischen Sonnengöttin der Erde stark beeinflußt, was sowohl in kultischen als auch in magischen Texten deutlich wird. Demnach sind wir heute nicht imstande, die ursprüngliche Gestalt und Wesen der Göttin zu beschreiben. Doch mehrere Texte weisen noch keine Spuren hurritischer Einwirkung auf, und hierher scheint das behandelte Ritual zu gehören. Es kommt vor, daß auch im mh. Gebet CTH 371 die Göttin noch gemäß altanatolischer Vorstellungen geschildert wird.

Auch der Sonnengott unseres Rituals ist sicherlich südanatolischer Herkunft, da die althethitische Religion Nordanatoliens noch keinen männlichen Sonnengott kannte. Das Konzept der männlichen Sonne kam vom luwischen Süden gegen Ende der ah. Zeit, und der älteste Beleg ist vermutlich in KBo 17.5 Vs. II 4 und KBo 17.7+ Rs. IV$^{!}$ 7' zu finden. Zu seinem

[11] Zu diesem Text s. V. Haas – I. Wegner, OLZ 89 (1994) Sp. 278f., D. Groddek, Fragmenta Hethitica dispersa II, AoF 22 (1995) 327 und S. Košak, Konkordanz der Keilschrifttafeln III/2 (StBoT 43), Wiesbaden 1999, 6 (sub 1329/c).

[12] S. dazu zuletzt Verf., Zippalanda and Ankuwa Once More, JAOS 120 (2000) 445ff., insb. 447, wo auch Argumente gegen eine Identifizierung der Göttin von Alacahöyük mit der Sonnengöttin von Arinna und Ḫebat vorgelegt werden.

Wesen und Funktion steht heute dem Leser eine ausführliche Literatur zur Verfügung, so wird hier auf seine genauere Beschreibung verzichtet[13]. Der Gott erscheint oft in kultischen Texten, wobei seine Identifizierung gelegentlich nicht einfach ist[14]. In magischen Ritualen begegnet er zuweilen mit seiner Gemahlin Kamrušepa als Hauptgestalt mythologischer Aussagen und dann vollzieht er selbst magische Handlungen[15]. Ebenfalls in Ritualtexten zeichnet sich sein richterlischer Aspekt. Bemerkenswert ist in diesem Zusammenhang seine Stellung an der Spitze der Schwurgötterliste der Staatsverträge, noch vor der höchsten Reichsgöttin, der Sonnengöttin von Arinna[16]. Als prominente Figur im Pantheon wurde gerade er fremden Einflüssen ausgesetzt, demnach hat er manche Züge nordsyrisch-hurritischer und sogar mesopotamischer Provenienz, was insbesondere in den Hymnen und Gebeten zum Ausdruck kommt[17]. Im Lichte von CTH 447 konnte er als jener Gott gelten, der die unglückverheißende Biene hergeschickt hatte, und wurde zugleich als potentieller Vermittler zwischen dem Königspaar und einem unbekannten Gott betrachtet. In der Beschwörung des Sonnengottes – ebensowie in den an ihn gerichteten Gebeten – appelliert man an sein wohlgesinntes Verhältnis zu den Menschen und sein Erbarmen.

Dem himmlischen Wettergott wird im behandelten Ritual die Rolle des Wohltäters und vermutlich auch des Vermittlers (das entsprechende Textfragment ist unvollständig erhalten) zugewiesen, wobei sich Allusionen auf seine Funktion als Schützer des Königspaares bemerkbar machen. Auch zu diesem Gott ist eine ausführliche Literatur vorhanden[18]. Er war der oberste

[13] Vgl. z.B. Ph.H.J. Houwink ten Cate, The Sun God of Heaven, the Assembly of Gods and the Hittite King, in D. van der Plas (ed.), Effigies Dei: Essays on the History of Religion (Supplements to Numen, 51), Leiden 1987, 13-34; V. Haas, GHR 377ff.

[14] S. dazu D. Yoshida, l.c. 311ff.

[15] Belege und Literaturhinweise bei V. Haas, GHR 438ff.; s. auch A. Ünal, Ḫantitaššu (1996) 21, 29 und den Kommentar S. 63.

[16] Vgl. G. Kestemont, Le panthéon des instruments hittites de droit public, Or 45 (1976) 147ff. und D. Yoshida, l.c. 7ff. und insb. 40f.

[17] Zu diesem Thema s. zuletzt G. Wilhelm, Hymnen der Hethiter, in W. Burkert und F. Stolz (Hrsg.), Hymnen der Alten Welt im Kulturvergleich (OBO 131), Freiburg 1994, 59ff.

[18] Vgl. Ph.H.J. Houwink ten Cate, The Hittite Storm God: his Role and his Rule According to Hittite Sources, in D.J.W. Meijer et al. (eds.), Natural Phenomena Their Meaning, Depiction and Description in the Ancient Near East, Amsterdam/New York/Tokyo 1992, 83-148; ferner auch V. Haas, GHR 315ff.

Gott einzelner Völker Altanatoliens und wurde in verschiedenen Sprachen unter verschiedenen Namen verehrt. Außer dem Anitta-Text tritt er nie in den ah. Urkunden mit dem Beiwort „des Himmels” auf, es liegt also die Vermutung nahe, daß dieses Beiwort aus einer südlichen Tradition stammt, die in altassyrischer Zeit mindestens teilweise auch Anittas Hauptstadt, d.h. Kaneš/Neša, umfaßte. Im hethitischen Großreich verbreitete sich in einzelnen Provinzen der Kult des hurritischen Wettergottes Tešub, und es kommt vor, daß sich mit der Zeit unter der Bevölkerung Anatoliens eine neue, teilweise unter dem hurritischen Einfluß veränderte Vorstellung vom Wettergott festigte, die u.a. in den viel später von den kleinasiatischen Griechen übernommenen Mythen deutlich wird[19]. Mit dem Hauptwettergott, der gelegentlich als König bezeichnet wird, sind örtliche Wettergötter nicht zu verwechseln – auch dann, wenn sie mit dem Beiwort „himmlisch” erscheinen; s. dazu unten.

Überraschend ist in unserem Text die Anwesenheit des Wettergottes von Zippalanda, der sonst in magischen Ritualen nie herbeigerufen wurde. Man fragt sich also, warum er in CTH 447 auftaucht. Erwägenswert ist eine Möglichkeit, daß hier seine Familienbande in Betracht kommen könnten, folglich würde er als Vermittler zwischen den Menschen und den Mitgliedern seiner göttlichen Familie angerufen. Wir wissen nämlich, daß er im Pantheon von Zippalanda in der Großreichszeit für einen Sohn des himmlischen Wettergottes und der Sonnengöttin der Erde galt, so würden in CTH 447 gerade seine Eltern herbeigerufen. Aber die lokalen Hypostasen der genannten Gottheiten weichen von ihren Vorbildern ab und sind mit den Göttern des behandelten Rituals nicht zu verwechseln[20]. Übrigens gibt es keine Anspielung auf die Parentel des Wettergottes von Zippalanda im erhaltenen Teil seiner Anrufung. Man muß also eine andere Erklärung seiner Anwesenheit finden; s. dazu das letzte Kapitel. Im offiziellen Pantheon des hethitischen Reiches gehörte der Gott in die Gruppe der obersten Gottheiten, trotzdem steht seine Monographie nach wie vor aus; nur sein Kult in Zippalanda ist ziemlich gut bekannt[21].

---

[19] Gemeint ist hier vor allem die griechische Theogonie, in der hurritisch-anatolische Elemente und Ideen schon in der Zwischenkriegszeit anerkannt wurden.

[20] Insbesondere der himmlische Wettergott von Zippalanda erinnert nicht an den regierenden Wettergott, spielt eine passive Rolle und daher ist eher als *deus otiosus* zu betrachten; vgl. dazu Verf., Zippalanda 35f.

[21] S. Verf., l.c., wobei heute Details dieser Bearbeitung in manchem zu korrigieren bzw. zu ergänzen sind.

Zur Identifizierung des letzten Gottes unseres Rituals dürften bloß Vermutungen geäußert werden, s. dazu den philologischen Kommentar zu B IV 45''[22].

In der Götterliste des behandelten Rituals spiegelt sich teilweise die ethnische und religiöse Situation im hethitischen Reich der mittelhethitischen Zeit wider, und zwar bestätigt diese Liste die Auffassung, daß sich in jener Zeit im Kern des Landes der Hethiter südliche, genauer luwische Einflüsse kräftigten. Wie bekannt, haben damals auch die nordsyrisch-hurritischen Vorstellungen die hethitische Religion und Magie geprägt, aber ihre Einwirkung ist in CTH 447 kaum ergreifbar. Diese Tatsache wirft ebenfalls ein Licht auf die ethnischen und religiösen Zustände in der Gegend, in der das Ritual vollzogen wurde (s. dazu das nächste Kapitel).

[22] Ist hier wirklich der Berggott Taḫa(ja) gemeint, so sei es wieder auf Verf., l.c. verwiesen, wo er oft genannt wird.

ZUSAMMENFASSUNG

Es sei wiederholt, daß das ganze Ritual aus sieben Einzelbeschwörungen besteht, die an verschiedene Gottheiten gerichtet wurden. Am ersten Tag wurden die Beschwörungsrituale für die unterirdischen Gottheiten: den Gott Ḫilašši (B I), die Gulš-Gottheiten (B I – A II 16') und die Sonnengöttin der Erde (A II 17' – A III 32) vollzogen. Die übrigen Gottheiten – der Sonnengott, der Wettergott des Himmels, der Wettergott von Zippalanda und vermutlich der Berggott Taḫaja – wurden am zweiten und letzten Ritualtag herbeigerufen.

Der Name und Beruf des 'Verfassers' bzw. der 'Verfasserin' bleiben unbekannt, wohl deshalb, weil der Textanfang nicht erhalten ist. Aus praktischen Gründen wird hier angenommen, daß wir es hier mit einer „weisen Frau" zu tun haben. Wie die Pluralform der Verba in A II 7'ff. und in ähnlichen Passagen des Gesamttextes zeigt, beteiligten sich an Ritualhandlungen außer der 'Verfasserin' (bzw. dem 'Verfasser') des Rituals auch andere Personen, darunter wahrscheinlich Vertreter des Königs und der Königin. Die letztgenannten treten in den Beschwörungen des Rituals offensichtlich als Patienten auf, aber eine Vermutung, daß sie persönlich an dem Ritualplatz gegenwärtig waren, findet keine Bestätigung in den Einzelheiten des Ritualablaufes und ist schon auch theoretisch aus verschiedenen Gründen kaum wahrscheinlich.

Die einzige Ursache des Rituals ist eine Biene, die als unheilverheißendes Omen für das Königspaar anerkannt wurde. Als Gott, der die Biene herschicken konnte, wird zunächst Ḫilašši genannt, aber der weitere Text lehrt uns, daß sich derselbe Verdacht gegen die Gulš-Gottheiten, dann die Sonnengöttin der Erde und schließlich gegen den Sonnengott richtete. Außer der Biene kommen auch eine „böse Zunge" und ein schlechter Vogel als vermeintliche Ursachen dieses Rituals in Betracht. Die beiden sind jedoch anders zu deuten, und zwar wurde die böse Zunge höchstwahrscheinlich aus einem anderen Ritual zusammen mit der ganzen Zauberformel übernommen, ein schlechter Vogel tritt dagegen in unserem Text offensichlich in übertragener Bedeutung auf.

Das Ritual hatte den Zweck, die dem Königspaar drohende Gefahr abzuwenden, darüber hinaus das schlechte Vorzeichen in ein günstiges Omen zu verändern und von den Göttern eine Versicherung der langen Lebensjahre und andere Gnadenbeweise für den König und die Königin zu erbitten. Dieser Zweck sollte mit Hilfe der Beschwörungen erreicht werden.

Die Unterweltsgottheiten wurden anders beschworen als die übrigen Götter des Rituals, und zwar wurden an sie nicht gewöhnliche Bitten, sondern mit der Erpressung gebundene Forderungen gestellt, wobei als Hilfsgott ein Eidgott des Rituals ins Dasein gerufen wurde. Diese überraschende Beschwörungsart darf als eigenartiger Zug des behandelten Rituals gelten. Solche Zaubersprüche sind in der hethitischen Magie isoliert; die einzige Analogie liegt in CTH 446 vor, in dem ebenfalls die Unterweltsgottheiten beschworen werden. Die übrigen Götter des Rituals wurden dagegen schon in üblicher Weise, also wie in anderen magischen Ritualen, behandelt.

Das Ritual wurde zunächst am Flußufer, dann in einem Wald, schließlich „im Hause", genauer im Hausgarten, vollzogen. Jedes Einzelritual bestand aus Opfern und Anrufungen an seine Gottheit und endete mit einer Bilanz der Opfergaben. Die Zahl der Ritualhandlungen und die Länge der rezitierten Sprüche sind verschieden in den einzelnen Ritualen. Auch die Weise, in welcher sie beschrieben werden, ändert sich deutlich, nämlich sind die Beschreibungen der letzten Rituale kürzer als die am Anfang des Gesamttextes.

Wie diese Angaben zeigen, stützte sich der Ritualverlauf auf ein allgemeines Schema, das sich in zahlreichen hethitischen Ritualen wiederholt. Andererseits scheinen bestimmte Einzelheiten darauf hinzuweisen, daß gerade dieses Ritual *ad hoc* entstanden ist, wobei es durch aus anderen Ritualen entlehnte Elemente, vor allem aus einem sonst unbekannten Ritual der Vögel (vgl. A III 10ff.), bereichert wurde. Es ist dabei evident, daß die Anwendung unterschiedlicher Mittel ihre gemeinsame magische Wirksamkeit verstärken sollte. In unserem Ritual spielen die magischen Handlungen eine untergeordnete Rolle, in den Vordergrund treten hingegen die Beschwörungen, deren ausnehmende Kraft und Eigenart insbesondere in drei ersten Einzelritualen auffällt.

Um ihre Aufgabe zu erfüllen, mußten die Anrufungen überzeugend lauten. Deswegen wurde eine besondere Redensart angewandt, die auf die Einbildungskraft der Teilnehmer des Rituals einwirken sollte. So ist die Sprache der Anrufungen reich an kaum typische, überraschende Satzkonstruktionen, in übertragener Bedeutung verwendete Begriffe sowie auch Wörter, die sich mit bekannten mythologischen Vorstellungen verknüpfen. Von besonderem Interesse sind die in die Anrufungen eingefügten Sprichwörter[1]. Außer der schon längst bekannten Sentenz „Zunge ist Brücke"

[1] Zu diesem Thema s. G. Beckman, Proverbs and Proverbial Allusions in Hittite, JNES 45 (1986) 19ff. und ders., The Tongue is a Bridge: Communication between Humans and Gods in Hittite Anatolia, ArOr 67 (1999) 519ff.

(A III 17/B III 5) treten in einigen Anrufungen Sprichwörter auf, in denen das Verbum *ḫuišnu-* „erretten usw." eine Rolle spielt. Da die betreffenden Textfragmente gelegentlich unvollständig sind, werden sie nur zum Teil wiederhergestellt. Gut erhalten ist in A II 20'f. die Sentenz „Der Mensch <nimmt> sich des Menschen an und errettet ihn", zu der in B III 24f. eine Analogie vorliegt. Ein ähnlicher Gedanke taucht in einer ebenfalls an den Sonnengott gerichteten Bitte im mh. Gebet des Kantuzzili auf, KUB 30.10 Rs. 2f.: „[Der Gott, der mir] zürnte und mich verworfen hat, soll sich meiner wieder [annehmen(?) und mich] erretten ..."[2]. Andere hethitische Gebete bieten weitere Parallelen, wobei anstelle von *ḫuišnu-* die Verba *kappuwai-* „zählen; an jemanden denken usw." und *genzuwai-* „freundlich behandeln usw." auftauchen; vgl. z.B. KUB 31.127+ Vs. I 46ff. ... *antuḫšan=(a)z kuin* (47) DINGIR^{MEŠ} *šanzi n=an=šan arḫa paškuwanzi* (48) *n=an appa zik kappuwaši n=an genzuwaši* „Eines Menschen, dem die Götter zürnen und den sie verstoßen, dessen nimmst du dich wieder mit Erbarmen an"[3]. In unserem Text kommt das Verbum *kappuwai-* in B IV 24 in unvollständigem Kontext vor, aber auch dort scheint es zu einer Sentenz gehören. Es sei bemerkt, daß das Verbum *ḫuišnu-* auch in einem Sprichwort anderer Art Anwendung fand: MUŠEN-*iš-za-kán* ^{GIŠ}*tap-ta-ap-pa-an* EGIR-*pa e-ep-zi na-an* ^{GIŠ}*tap-ta-ap-pa-aš ḫu-u-[iš-nu-uz-zi]* (KUB 14.8 Rs. 22, Var.: ... *na-aš* TI-*iš<-nu>-zi* in KUB 6.45 III 40, Dupl. KUB 6.46 IV 9f.) „Der Vogel nimmt seine Zuflucht zu seinem Nest(?), und das Nest(?) erre[ttet] ihn"[4].

In den Einzelheiten des Rituals spiegeln sich religiöse und magische Anschauungen der Bewohner Zentralanatoliens wider, genauer des Ge-

[2] Zu dieser Textstelle s. auch H.G. Güterbock, Some Aspects of Hittite Prayers, in T.T. Segerstedt (ed.), The Frontiers of Human Knowledge, Uppsala 1978, 134 und zuletzt I. Singer, Hittite Prayers (Writings from the Ancient World), Atlanta 2002 , 32. Welches heth. Verbum in der Lücke in Z. 3 stand, ist unklar.

[3] Zur Übersetzung vgl. G. Wilhelm, Hymnen der Hethiter, in W. Burkert und F. Stolz (Hrsg.), Hymnen der Alten Welt im Kulturvergleich (OBO 131), Freiburg 1994, 63 und A. Ünal, Hethitische Hymnen und Gebete (TUAT 2.6) 797.

[4] Übersetzt nach A. Götze, Die Pestgebete des Muršiliš, KlF 217; vgl. auch G. Beckman, Proverbs and Proverbial Allusions in Hittite, JNES 45 (1986) 23 m. Anm. 23 u. 24, HED 3, 333. Zu KUB 6.45 III 40 s. I. Singer, Muw.Pr. 41: „The bird takes refuge in the cage and survives (or: it lives)" und den Kommentar dort S. 65f., ferner auch ders., Hittite Prayers (Writings from the Ancient World), Atlanta 2002, 17.

biets, in dem die dort beschriebenen Kulthandlungen stattfanden (s. dazu unten), in der Übergangsperiode zwischen der althethitischen und der Großreichszeit. Diese Periode kennzeichnete sich durch die Verbreitung südlicher, luwischer und hurritischer Traditionen, die in einzelnen Städten und Provinzen mit verschiedener Stärke zur Erscheinung kamen. In unserem Ritual ist die Einwirkung der luwischen religiösen Vorstellungen gut sichtbar, ein hurritischer Einfluß ist hingegen noch schwach bzw. gar nicht faßbar.

Abschließend sei noch eine Vermutung zum Ort der Ritualhandlungen geäußert. Die sechste Beschwörung unseres Rituals wird an den Wettergott von Zippalanda gerichtet, der sonst in den magischen Ritualen nicht auftaucht. Darüber hinaus ist vermutlich der Berggott Taḫa(ja) als siebente Gott des Rituals zu identifizieren, s. B IV 40" und den philologischen Kommentar zu B IV 45"ff., und auch dieser Gott fehlt in der hethitischen Magie. Man kann sich des Eindrucks nicht erwehren, daß diese ausnehmende Anwesenheit beider Götter indirekt auf den Ort der Ritualhandlungen hinweist, wobei selbstverständlich die Stadt Zippalanda bzw. ihre Gegend in Frage kommt. Würde das Ritual an einem anderen Ort ausgeführt, so wäre die Nennung des Wettergottes von Zippalanda unbegründet und schwer zu erklären.

GLOSSAR

Hethitische Wörter

A

-a	„und"	A II 21', 25', 36', III 5, 27, B II 29', 33', 35', 44', III 3, 14, 25, 41(erg.), 42, 44, 45, 47, IV 7, 13, 15
-a-	enkl. Personalpron. 3. Pers. Sg.	
-an	Akk. Sg. c.	A II 25', 26', III 16, B I 38", 56" (erg.), 57", II 25', III 3, 4, 34 (erg.), 35 (erg.), 36 (erg.), 39, IV 9 (erg.), 12, 43"
-aš	Nom. Sg. c.	A II 12', III 15, B III 3, 33, 34
-at	Nom.-Akk. Sg. n.	A II 8', 9, 11', 30', 34', III 6, 8, 19, 24, B I 39' (erg.), II 3', 34', 37', 38', 44', 45' (erg.), III 6, 7, 11, 12, IV 21
-uš	Akk. Pl. c.	A II 14', 29', III 29, 30, B II 33', III 16, 17, 46
anda	„darin, dabei, dazu"	
an-da		B III 31, IV 20
antuḫša-, ***antuwaḫḫa-***, c.	„Mensch"	
an-tu-uḫ-ša-aš	Nom. Sg.	B III 24
an-tu-uḫ-ša-š(a)		A II 20', B II 25'
an-tu-uḫ-ša-an	Akk. Sg.	B II 25'
an-tu-wa-aḫ-ḫa-an		A II 20'
apa-	Dem.-Pron. „jener, er"	
a-pé-e	Nom.-Akk. Pl. c.	A II 32', B II 35'

arra-	„waschen”	
ar-ra-an-zi	Prs. Pl. 3.	A II 14'
arḫa	Präverb „hinaus,	
ar-ḫa	weg, fort”	A II 8', III 15, 30, B III 2, 17
(^{GIŠ})***armizzi***, n.	„Brücke”	
	(plurale tantum)	
ar-mi-iz-zi	Nom.	B III 5
^{GIŠ}*ar-mi-iz-zi*		A III 17
aš(ša)nu-	„besorgen”	
aš-nu-ši	Prs. Sg. 2.	A III 20, B III 7
aš-nu-ut	Imp. Sg. 2.	A II 34' (erg.), B II 37', III 6
aš-ša-nu-ut		B IV 45''
-(*a*)*šta*	Ortspartikel (?)	
na-aš-ta		A II 33', III 7, 11, 18, B I 36'', II 36', 45', III 5
nu-uš-ši-iš-ta		B IV 9(?)

E

eku-	„trinken”	
e-ku-zi	Prs. Sg. 3.	B IV 17
a-ku-wa-an-zi	Prs. Pl. 3.	A II 7', III 22,
a-ku-an-zi		B III 10, 49 (erg.)
ep-	„greifen”	
e-ep	Imp. Sg. 2.	B III 37
e-ep-du	Imp. Sg. 3.	A II 6', III 21, B I 40'' (erg.), II 40', B III 9
pa-ra-a e-ep	„halte hin” Imp. Sg. 2	A III 14, B III 30 (erg.)
ḫa-an-za e-ep	„überprüfe(?)” Imp. Sg. 2.	A IV 2' (erg.), B IV 11
eš-	„sein”	
e-eš-du	Imp. Sg. 3.	A II 16', B II 21'
ed-	„essen”	
-za a-da-an-zi	Prs. Pl. 3.	A II 7', III 22, B III 10, 48, IV 17

Ḫ

ḫaliwara-, c.	B.u.	
ḫa-li-wa-ra-aš	Nom. Sg.	B IV 1
ḫa-li-wa-ra-an	Akk. Sg.	B III 21
ḫalzai-	„rufen, nennen”	
ḫal-za-i	Imp. Sg. 2.	B III 29
ḫal-zi-an-zi	Prs. Pl. 3.	B IV 5, 21
ḫanza	„vorn”	
ḫa-an-za		B IV 11
ḫappina-	„offene Flamme”	
ḫa-ap-pí-na-az-z(a)	Abl. Sg.	B III 47
ḫa-ap-pí-ni-it	Instr. Sg.	B II 42'
ḫarnink-	„vernichten”	
ḫar-ni-ik	Imp. Sg. 2.	B I 38"
ar-ḫa ḫar-ni-ik-du	Imp. Sg. 3.	A III 17
ar-ḫa ḫar-ni-ik-tu$_4$		A III 30
ḫarp-	„absondern; helfen”	
ḫa-ar-ap-ši	Prs. Sg. 2.	A II 36'
ḫar-ap-ši		B II 39'
ḫāš c.	„Asche”	
ḫa-a-aš	Nom. Sg.	A II 12'
ḫaštai-, n.	„Knochen”	
ḫa-a-aš-ta-i	Nom.-Akk. Sg. (Koll.)	A III 26
ḫa-aš-da-i		B II 14', III 11, 15, IV 17
ḫa-aš-ta-i		A II 7', III 23, B III 13 (Pl.), 49 (erg.)
ḫa-aš-ta-a-i		A III 29
ḫatteššar, n.	„Grube”	
ḫa-at-te-eš-ni	Dat. Sg.	B II 42', 44'
ḫuek-	„schlachten”	
ḫu-kán-zi	Prs. Pl. 3.	A III 35 (erg.), B III 21
ḫu-u-kán-zi		B IV 5

ḫuinušk-	„zum Laufe veranlassen"	
ḫu-i-nu-uš-ki-iz-zi	Iter. Prs. Sg. 3.	B I 35"
ḫuišnu-	„(er)retten usw."	
ḫu-iš-nu-uz-zi	Prs. Sg. 3.	A II 21' (korr.), B I 3'
ḫu-iš-nu-zi		B IV 41"
ḫuišwatar, n.	„Leben"	
ḫu-iš-wa-an-ni-it-t(a)	Instr. Sg.	B III 45
ḫulija-, c.	„Wolle"	
ḫu-li-ja-aš	Nom. Sg.	A II 29'
ḫūman	„alles"	
ḫu-u-ma-an		A III 18, B III 6, 22, 44", 45"
^{NA_4}***ḫuwaši***, n.	„Kultstele"	
^{NA_4}*ḫu-wa-ši*	Nom.-Akk. Sg.	A III 33, B III 20

I

ija-	„machen"	
i-ja	Imp. Sg. 2.	A II 27', 34', III 17, 19, B I 38", II 30', 37', III 6, 34, 35, IV 12 (erg.)
i-ja-at-tén	Imp. Pl. 2.	A II 3'(?), B II 9'
i-en-zi	Prs. Pl. 3.	B IV 20
ijanna-	„gehen, marschieren"	
i-ja-an-ni	Imp. Sg. 2.	A III 18
išḫuwa-	„schütten"	
iš-ḫu-a-i	Prs. Sg. 3.	B III 12
iš-ḫu-u-wa-i		A III 25
iš-ḫu-an-zi	Prs. Pl. 3.	B III 49
^{DUG}***išpanduzzi-***, n.	„Ration, Spende"	
^{DUG}*iš-pa-an-du-uz-zi*	Nom.-Akk. Sg.(?)	A III 12

ištamaš(š)-	„hören"	
iš-ta-ma-aš-ša-an-ta-an	Part. Akk. Sg. c.	B III 30
idalawatar, n.	„Bosheit"	
i-da-la-u-wa-an-ni(-ja)	„im Bösen" (Dat.)	B II 29'
idalu-, c.	„böse"	
i-da-lu-uš	Nom. Sg.	B I 10', III 34 (erg.)
i-da-lu-š(a)		B III 3
i-da-lu-un	Akk. Sg.	B III 14
i-da-lu-un-n(a)		B III 14

K

kā-	„dieser"	
ke-e-el	Gen. Sg. c.	A II 5', 23', III 20, B I 40'' (erg.), II 27', 39', III 8, 27, IV 8
ki-i	Nom.-Akk. Sg. n.	A II 10', 16', 34'(erg.), III 14, 26, 31, B II 21' (erg.), 36', III 13, 19, 32 (erg.)
ku-u-un	Akk. Sg. c.	A II 22', 24', B I 36'', II 26', 28', III 26, 28, IV 42''
-kán	Ortsbezugspartikel	A II 18', 26', A III 8, 14, 19, B I 39'' (erg.), 55'', II 6', 23', 38', 43', 45' (erg.), III 2, 6, 7, 32 (erg.), IV 21, 45''
gapalija-	Vb., B.u.	
ga-pa-li-ja-an-du	Imp. Pl. 3.	B III 45
kappuwai-	„zählen, prüfen, sich jds annehmen"	
kap-pu-u-wa-ši	Prs. Sg. 2.	B IV 24
kāša	„siehe, nun"	
ka-a-ša		A II 23', III 10, B II 27', 47', III 27
ka-a-ša-at-ta		B IV 23

kattan	„unten, bei usw."	
kat-ta-an		A II 33' (erg.), B I 35", II 36', IV 4
kattanta	„hinab"	
kat-ta-an-ta		A II 18', B II 43'
kat-ta-an-da		A III 8, B II 46'
katerra-	„unterer; unten"	
ka-te-ir-ra	Nom.-Akk. n. bzw. Adv.	B I 34"
genu-, n.	„Knie"	
ge-e-nu	Nom.-Akk. Sg.	B III 37
UZU*ge-nu-wa-aš*	Gen. Pl.	A II 32'
ge-e-nu-wa-aš		B II 35'
gimra-, c.	„Feld"	
gi-im-ra-aš	Gen. Sg.	B IV 47"
gi-im-ri	Dat.-Lok. Sg.	A II 31', B II 34'
kinun	„jetzt"	
ki-nu-n(a)-		A II 26'
kiš- (Med.)	„werden"	
ki-ša-ru	Imp. Sg. 3.	A II 12', III 29
ki-i-ša-ru		B III 15
kiššan	„folgendermassen"	
ki-iš-ša-an		A II 10', III 9, 25, 29, 35, B I 33", 49", II 6' (erg.), 24', 46', III 12, 16, 22, IV 6, 22
kiššar(a)-, n./c.	„Hand"	
ki-iš-ša-ra-az	Abl. Sg.	B I 6', III 32
kui-	Relativpronomen „welcher"	
ku-iš	Nom. Sg. c.	A II 29', B I 56", II 33', III 36, 42, IV 9
ku-i-š(a-)		B II 33'
ku-in	Akk. Sg. c.	A II 22', B III 26
ku-it	Nom.(-Akk.) Sg. n.	B IV 15 (erg.)
ku-i-e-eš	Nom. Pl. c.	A II 32', B II 35'

kuišša, c.	Indefinitpron. „jeder"	
ku-e-da-ni-ja	Dat. Sg.	B IV 3
kuitta, n.	Indefinitpron. „jedes"	
ku-e-ez-zi	Abl. Sg.	B II 45'
ku-e-ez-zi-j(a)		A III 7
kuitki, n.	Indefinitpron. „etwas"	
ku-it-ki	Nom.-Akk.	B IV 10
kurur, n.	„Feind, feindlich"	
ku-u-ru-r(a)	„feindlich" Nom.-Akk. Pl.	B II 35'
ku-u-ru-ra-aš	„des Feindes" Gen. Sg.	A II 32'

L

lala-, c.	„Zunge"	
la-la-aš	Nom. Sg.	B III 5
lē	„nicht" (prohibitiv)	
le-e		B IV 10
lingai-, c.	„Eid(gott)"	
li-in-ga-iš	Nom. Sg.	B I 40''
linkijant-, c.	„Eidgott"	
li-in-ki-ja-an-za	Nom. Sg.	A II 6', B II 40'

M

-ma	Konjunktion „aber"	A II 7', 16', 17', 35', A III 4, 20, 22, 31, B II 14' (erg.), 21' (erg.), 38', 43', III 7, 10, 11, 19, 34, 49 (erg.), IV 15, 17, 21
maḫḫan	„wie"	
ma-aḫ-ḫa-an		A II 10', III 26, B III 13, IV 7
mān	„wenn, falls"	
ma-a-an		A II 25', III 15, B I 10'(?), II 29', III 3, 33

ma-a-na-aš		B III 34
ma-a-na-an		B I 57"
ma-a-na-at-kán		A III 19, B I 39"(erg.), II 38', III 7
manijaḫḫai-, c.	„Verwaltungsbezirk"	
ma-ni-ja-aḫ-ḫa-iš	Nom. Sg.	B III 23
manijaḫḫišk-	„verwalten"	
ma-ni-ja-aḫ-ḫi-iš-ki-ši	Prs. Sg. 2.	B III 24, IV 8
maškan, n.(?)	„Versöhnungsgabe"	
maš-kán	Nom.-Akk. Sg.	A II 24', B III 28 (erg.)
mema-	„sprechen"	
me-ma-i	Prs. Sg. 3.	A II 9', 19', III 9, III 25, IV 14', B I 33" (erg.), 49", II 6' (erg.), 24', 46' (erg.), III 12, 22, IV 6 (erg.), 22
memal, n.	„Grütze"	
me-ma-al	Nom.-Akk. Sg.	A III 31, B III 19, IV 2
minu-	„besänftigen"	
mi-nu-ut	Imp. Sg. 2.	B III 38

N

nakki-	„schwer, schwierig"	
na-ak-ki-ja-az	Abl. Sg.	A II 4'
namma	„ferner"	
nam-ma(-)		A II 30', III 24, B II 34', III 11, IV 17, 44"
nepiš, n.	„Himmel"	
ne-pí-iš	Nom.-Akk.	B IV 7
ne-pí-ša-aš	Gen.	B IV 6
nu	satzeinleitende Konjunktion	A II 19', 27', III 18, 25, 34, 35, B I 33", 34", 37", II 46', III 26, III 41 (erg.), IV 3, 4,

		5, 6, 8 (erg.), 13 (erg.), 16 (erg.), 22 (erg.), 24(?), 44'', 48''
na[-		B I 39''
na-an		A II 26', III 16, B I 38'', 56'' (erg.), B II 30', III 4, 34 (erg.), 35 (erg.), 36 (erg.), 39, IV 9, 12, 43''
na-aš		A II 12', III 15, 28, B III 3, 15, 33
na-aš-ta		A II 33', III 11, 18, B I 36'', II 36', 45', III 5
na-at		A II 8', 9', 11', 34', III 6, 24, B II 3', 37', 44', III 12
na-at-kán		A III 8, 19, B II 45' (erg.), III 6
nu-kán		A II 18', B II 23', 43', III 32 (erg.), IV 21, 45''
nu-uš		A II 14', 29', III 29, 30, B II 33', III 16, 17, 46
nu-uš-ša-an		B II 38'
nu-uš-ši		A II 31', 32', B II 35'
nu-uš-ši-kán		B I 55''
nu-uš-ši-iš-ta		B IV 9(?)
nu-uš-ma-aš		A II 5' (erg.), 28', 49', III 13, B III 1(?), 42 (erg.), IV 14
nu-uš-ma-aš-kán		A III 14, B III 2, 31 (erg.)
nu-ut-ta		A III 20, B I 40'' (erg.), II 39', 48', III 7, 27 (erg.)
nu-za		A II 7' (erg.), III 22, B III 10, 24, 36, IV 17
nū(t)	Zufriedenheitsruf	
nu-ú		B III 29

P

pai-	„gehen"	
pa-iz-zi	Prs. Sg. 3.	A II 9', III 24, B III 12

pai-**, **pija-	„geben"	
pa-a-i	Imp. Sg. 2.	A II 28', 30', 31', B II 31, 32', 34', III 41, 42, 43, IV 13 (erg.), 14 (erg.), 15 (erg.)
pí-an-zi	Prs. Pl. 3.	A III 32, B III 19, IV 19, 47"
pé-eš-kán-zi	Iter. Prs. Pl. 3.	A II 24'
pí-iš-kán-zi		B II 28'
pa-iš	Prt. Sg. 3.	B III 28, IV 23
pí-i-e-er	Prt. Pl. 3.	B IV 42"
pankur, n.	„Haar"	
pa-an-kur	Nom.-Akk.	B IV 15
parā	Präverb „vorwärts, hin usw."	
pa-ra-a		A II 13', III 14, 29, B I 37", II 50', III 16, 30
parkija-	„sich erheben"	
pár-ki-ja-an-ta-at	Prt. Pl. 3. Med.	A III 11
parš(ija)-	„zerbrechen"	
pár-ši-an-da	Prs. Pl. 3. Med.	A IV 8'
pár-ši-ja-an-da		B IV 16
-pat	identifizierende Partikel	A III 23, IV 13', B III 10, IV 17, 20, 24, 44"
paddai-	„(aus)graben"	
pád-da-a-an-zi	Prs. Pl. 3.	A II 18', B II 23' (erg.)
patteššar, n.	„Grube"	
pát-te-iš-ni	Dat.-Lok.	B II 3'
pát-te-eš-ni		A III 3(?), 6, B II 5'
peran	Postposition „vor"	
pé-ra-an		B II 7', IV 8
peššija-	„werfen"	
pé-eš-ši-an-zi	Prs. Pl. 3.	A III 6, B II 44'
peda-	„hinschaffen, forttragen"	
pé-e-da-i	Prs. Sg. 3.	A II 11', B III 14
pé-e-da-a-i		A III 27

pa-ra-a pé-e-da-a-i	Prs. Sg. 3.	A II 13'
pé-e-da-ú	Imp. Sg. 3.	B III 16
pé-e-da-a-ú		A III 30

Š

šakuwai-	„aussuchen"	
ša-ku-wa-an-zi	Prs. Pl. 3.	B IV 3
-šan	Ortsbezugspartikel	
ku-iš-ša-an		A II 29'
ku-iš-ša-aš-šan		B II 33', III 42
nu-uš-ša-an		B II 38', IV 5
šarā	Präverb „empor, hinauf"	
ša-ra-a		A II 8', 12', III 24, B III 11
šarra-	„brechen"	
šar-ra-at-ta	Prs. Sg. 2. Med.	A II 35', B I 39", II 38'
šarluma(na)š	B.u.	
šar-lu-u-ma-aš	Gen.?	B IV 21, 31'
šar-]lu-ma-na-aš		A IV 14'
šer	Postposition „auf,	
še-er	oben"	A III 6, B II 45'
šeša-, c.	„Haut(?), Schwanze(?)"	
še-e-ša-a-an	Akk. Sg.	A III 5
še-ša-an		B II 44'
-ši-/-ša	Possessivpron. 3. Pers.	
-ša-an	Gen. Pl. n.	A II 32', B II 35'
-ši	enkl. Personalpron. 3. Pers. Sg. „ihm, ihr"	
nu-uš-ši		A II 31', 32', B II 35'
nu-uš-ši-kán		B I 55"
nu-uš-ši-iš-ta		B IV 9(?)
šipant-	„opfern"	
ši-pa-an-ti	Prs. Sg. 3.	B II 5', 43'

ši-ip-pa-an-ti		A III 4(?), 8
ši-pa-an-da-an-zi	Prs. Pl. 3.	B II 46'
ši-ip-pa-an-da-an-zi		A II 19'
-šmaš	enkl. Personalpron. 2. Pers. Pl. Dat. „euch"	
nu-uš-ma-aš		A II 5' (erg.)
-šmaš	enkl. Personalpron. 3. Pers. Pl. Dat. „ihnen"	
nu-uš-ma-aš		A II 28', III 13, B II 49', III 30 (erg.), 42 (erg.), IV 14
nu-uš-ma-aš-kán		A III 14, B III 2, 31 (erg.)
šumeš	Personalpron. 2. Pers. Pl. „ihr"	
šu-m[a-aš(?)	Dat.	B I 55"
šuppa, n.	„Fleisch"	
šu-up-pa	Akk.	B II 41', IV 16

T

ta*(-)*	Satzeinleitende Konjunktion	
ta		B II 41'
ta-an		A II 21'
-ta	enkl. Personalpron. 2. Pers. Sg. „dir"	
ka-a-ša-at-ta		B IV 23
nu-ut-ta		A II 22', III 20, B I 40" (erg.), II 39', 48', III 7, 27 (erg.)
da-	„nehmen"	
da-a-i	Prs. Sg. 3.	A II 20' (emendiert), B II 25' (erg.), III 25
da-an-zi	Prs. Pl. 3.	A III 1, B II 41'
ar-ḫa da-a	„nimm ab" Imp. Sg. 2	A III 15, B III 2, 32

ša-ra-a da-a-i	„(sie) nimmt auf" Prs. Sg. 3	A II 9', 12', III 24, B III 11
dai-	„setzen, legen, stellen"	
ti-an-zi	Prs. Pl. 3.	B II 45', IV 4, 16
talugi-, c.	„lang"	
ta-lu-ga-uš	Akk. Pl.	B II 33', III 43
damnaššara-, c.	„zum Haus gehörend"	
dam-na-aš-ša-ru-uš	Akk. Pl.	B IV 46"
tarḫuilatar, n.	„Heldenmut"	
tar-ḫu-i-la-tar		A II 31', B II 34'
tarna-	„lassen, loslassen"	
EGIR-*an tar-na-i*	Prs. Sg. 3.	A II 9'
tekan, n.	„Erde"	
te-kán	Nom.-Akk. Sg.	A II 18', B IV 7
ták-na-aš	Gen. Sg.	A II 17', 20', III 10, 12, 18, B II 26', 36', 38', 47', 49', III 5
ták-na-a-aš		B III 19
tepu	„(ein) wenig"	
te-pu		A III 7, B II 45'
tija-	„(vor jem.) treten"	
ti-i-ja	Imp. Sg. 2.	B IV 9
tittanu-	„hinstellen"	
ti-it-ta-nu-zi	Prs. Sg. 3.	A III 34, B III 20
tittija-	„säugen, stillen usw."	
ti-it-ti-ja-an	Part. n., genaue B.u.	B II 4'
duwaddu	„Gnade"	
du-wa-ad-du		B III 22, IV 6

U

uija-	„herschicken"	
u-i-e-eš	Prt. Sg. 2.	A II 22', 26', B II 29', III 26
urēnant-	„verbrannt"	
u-ri-i-na-an	Part. Nom.-Akk. Sg. n.	A II 10'

u-re-e-na-an-da	Part. Nom.-Akk. Pl. n.	A III 26
u-re-e-na-an-ta		B III 13
šk-	„sehen”	
uš-ki	Imp. Sg. 2.	B III 31 (erg.)
uda-	„(her)bringen”	
ú-da-i	Prs. Sg. 3.	B II 2'
ú-da-an-zi	Prs. Pl. 3.	B II 4', 42', III 46
ú-da-a-an-zi		A III 3
uttar, n.	„Wort, Sache usw.”	
ut-tar		A II 34' (erg.), B II 36'
uwa-	„kommen”	
ú-id-du	Imp. Sg. 3.	A II 5', 33', III 20, B I 40" (erg.), II 36', III 7
ú-it-tu$_4$		B II 39'

W

-wa(r)	Partikel der zitierten Rede	
-wa		A III 17, B III 5
waḫnu-	„verändern”	
wa-aḫ-nu-ut	Imp. Sg. 2.	A II 26', III 16, B II 30', III 4, 33, IV 12, 43"
wa-aḫ-nu-ud-du	Imp. Sg. 3.	B III 39
warnu-	„verbrennen” (tr.)	
wa-ar-nu-an-zi	Prs. Pl. 3.	B III 11, 49 (erg.), IV 17 (erg.)
wa-ar-nu-wa-an-zi		A III 23
ar-ḫa wa-ar-nu-wa-an-zi		Prs. Pl. 3. A II 8'
wa-ar-nu-an-du	Imp. Pl. 3.	B III 15
wa-ar-nu-wa-an-du		A III 28

Z

-z, -za	Reflexivpartikel	
-(a)z		A II 20', B II 25', IV 41"
-za		B IV 3(?)

nu-za		A II 7' (erg.), III 22, B III 10, 24, 36
zanu-	„grillen"	
za-a-nu-an-zi	Prs. Pl. 3.	A III 2
za-nu-wa-an-zi		B II 42'
zik	Personalpron. 2. Pers. Sg. „du"	
zi-ik	Nom.	B III 23, 29, 38
zi-ik-k(a)		A II 21', 25'
zi-g(a)-		A III 16, B III 3
tu-uk	Akk.	A III 21, B III 8, 25
tu-g(a)-		B IV 41"
tu-e-el	Gen.	B III 23 (erg.)

Sumerogramme

BABBAR	„weiß"	A II 17', III 31, B II 22', III 18
DINGIR^{LUM}	„Gott"	B I 56", III 36, IV 9
A-NA DINGIR^{LIM}	Dat.	B III 21(?)
DINGIR^{MEŠ}-*mu-uš*	Akk. Pl. c.	B IV 7
DUMU.DUMU^{MEŠ}	„Enkel"	A II 27', B II 31', III 41, IV 13 (erg.)
DUMU.LÚ.U$_{19}$**.LU**	„Mensch(enkind)"	B III 24
DUMU.MUNUS^{MEŠ}	„Töchter"	A II 27', B II 31', III 41, IV 13 (erg.)
DUMU.NITA^{MEŠ}	„Söhne"	A II 27', B II 31', III 41 (erg.), IV 13
É	„Haus", heth. *pir/parna-*	
É-*ri*	Dat.-Lok. Sg.	B IV 20
EGIR	„wieder, hinter, nach usw.", heth. *appa(n)*	

EGIR-*pa*		B I 36''(?), B III 25 (? Erg.)
EGIR-*an*		A II 9'
EGIR-*anda*	„danach, hinterher"	A II 17'
UZUÉLLAG.GÙN.A	„'bunte Niere'"	B II 41'
EME	„Zunge", heth. *lala-*, c.	
EME		B II 17'(?)
EME-*an*	Akk. Sg. c.	A II 11', III 27, B III 14
GE_6	„schwarz, dunkel"	A II 17', III 31, B II 22', III 18
GE_6-*in*	Akk. Sg. c.	A III 10
GEŠTU	„Ohr", heth. *ištamana-*, c.	
GEŠTU-*an*	Akk. Sg.	B II 50', III 30
UZUGEŠTU-*na-an*		A III 13
GI	„Schilfrohr"	
GI-*aš*	Gen.(?) Sg.	B IV 11(?)
GÍD.DA	„lang"	A II 30', A IV 7'
GÌRḪI.A	„Füße"	B II 44'
GÌRMEŠ	„Füße"	A III 5
GIŠ	„Baum, Holz", heth. *taru-*, n.	
GIŠ-*ru*	Nom.-Akk. Sg.	B IV 3, 32'(?)
GIŠ-*i*	Dat.-Lok. Sg.	B IV 4
GU_4	„Kuh"	B IV 21, 31'
GU_4.APIN.LÁ	„Pflugrind"	A II 15'
GU_4.MAḪ	„Stier"	A IV 6', B IV 5 (erg.), 19
ḪUL-*lu-*	„böse", heth. *idalu-*, c.	
ḪUL-*uš*	Nom. Sg.	A III 15
ḪUL-*un*	Akk. Sg.	A III 27
ḪUL-*un-n*(*a*)		A II 11', III 27
ḪUL-*atar*	„Bosheit"	
ḪUL-*an-ni*(*-ja*)	„im Bösen" (Dat.)	A II 25'

ḪUR.SAG	„Berg"	
ḪUR.SAG^{MEŠ}-*uš-š(a)*	Akk. Pl. c.	B IV 7
^{UZU}**Ì**	„Fett"	A III 4
ÍD	„Fluß", heth. *ḫapa-*, c.	
ÍD		A III 27, B II 15'(?),
ÍD-*aš*	Nom. Sg.	A II 11', 13', III 13, 29, B III 16
ÍD-*i*	Dat.-Lok. Sg.	A II 9'
ÍD-*pa*	Dir. Sg.	A III 24 (erg.), B III 12
IGI	„Auge", heth. (Pl.) *šakuwa*, n.	
IGI$^{\text{ḪI.A}}$-*it*	Instr. Pl.	B III 31
KAM	„Suffix" nach Zeitbegriffen	A III 33, B III 20
KI	„Erde", heth. *tekan*, n.	
KI-*aš*	Gen. Sg.	A II 21', 25', 33', III 16
KI-*an*	Akk. Sg.	A III 10
KUR	„Land", heth. *utne(ant)-*, n./c.	
KUR$^{\text{ḪI.A-}TIM}$	Nom. Pl.	A II 31'
KUR.KUR^{TIM}		B II 35', III 23
LUGAL	„König"	A III 10, B II 47', III 27
LUGAL-*uš*	Nom. Sg.	A II 23', B II 27', IV 6, 23
LUGAL-*š(a)*		B III 25, 44
LUGAL-*i*	Dat. Sg.	A II 29', B II 33', 39', III 41 (erg.), 43 (erg.), IV 13, 15
A-NA LUGAL-*i*		A II 30'
A-NA LUGAL		A II 27', B II 34'
MÁŠ.GAL	„Ziegenbock"	B IV 46''
MU(^{KAM}**)**	„Jahr", heth. *witt-*, c.	
MU$^{\text{ḪI.A}}$	Akk. Pl.	A IV 7' (erg.)
MU$^{\text{ḪI.A}}$-*uš*		B II 34', III 43, IV 15 (erg.)
MU$^{\text{KAM ḪI.A}}$	(Akk.) Pl.	A II 30'
^{GIŠ}**MÚ.SAR**	„Garten, Gemüsegarten"	
I-NA ^{GIŠ}MÚ.SAR	Dat.-Lok. Sg.	B IV 3

MUNUS.LUGAL	„Königin"	A III 10, B II 47', III 27
MUNUS.LUGAL-aš	Nom. Sg.	A II 23', B II 27', III 25, IV 23
MUNUS.LUGAL-*aš-š(a)*		B III 44
MUNUS.LUGAL-*i*	Dat. Sg.	A II 36', B II 33', 39', III 43 (erg.)
MUNUS.LUGAL-*j(a)*		A II 36 (erg.), B III 41 (erg.), IV 13, 15
MUNUS.LUGAL-*ri*		A II 29'
A-NA MUNUS.LUGAL		A II 27'
MUŠEN	„Vogel", heth. *wattai-*(?), c.	
MUŠEN-*iš*	Nom. Sg.	A III 15, 34 (erg.)
MUŠEN-*in*	Akk. Sg.	A II 27', III 17, 28, IV 3', B I 38'', II 30', III 4, 14, IV 12 (erg.)
MUŠEN-*aš*	Gen. Sg.	B I 4'
MUŠEN$^{ḪI.A}$-*aš*	Gen. Pl.	A III 11, B II 48'
^{UZU}**NÍG.GIG**	„Leber"	A III 1, B II 41'
NIM.LÀL, c.	„Biene"	B III 26, IV 23,
NIM.LÀL-*aš*	Gen. Sg.	B I 56''
ŠA NIM.LÀL		A II 23', B III 27, IV 42''
NIM.LÀL-*an*	Akk. Sg.	A II 22', B II 26'
NIM.LÀL-*ri*	Dat.-Lok. Sg.	B IV 8
NINDA.GUR$_4$.RA	„Dickbrot"	A III 12, 31, B II 42', III 18 (Pl.), IV 1 (Pl.), 16 (Pl.), 19
NINDA.Ì.E.DÉ.A	„Rührkuchen"	A II 15', III 31, B II 21', 42', III 18, IV 1
SIG$_5$	Adj. „günstig"	
]SIG$_5$		B I 46''
SIG$_5$-*an*	Akk. Sg. c.	B I 38'', III 4, 34 (erg.), 35, 39, IV 12 (erg.)
SIG$_5$-*an-za*	Nom. Sg. c.	A II 15', III 34
SIG$_5$-*an-te-et*	Instr. Sg. n.	B III 31
SIG$_5$-*in*	Akk. Sg. c.	A II 26', III 17, B II 30'
SIG$_5$-*in*	Adverb, heth. *lazzin*	A II 34', III 19, B II 37', III 6
SI[G$_5^?$		B I 7'

SÍG	„Wolle", heth. *ḫulija-*, c.	
SÍG-*aš*	Nom. Sg.	B II 33', III 43 (erg.)
SILA$_4$	„Lamm"	B III 21, IV 1
SILA$_4$.NÍTA	„Lamm (männl.)"	B IV 19
SISKUR	„Opfer; Ritual"	A II 6' (erg.), 24', III 14
SÍSKUR	„Opfer; Ritual"	A II 37', III 11, 20, B I 40", II 28', 39', 48', B III 8, 28, 32 (erg.), IV 8, 18, 42"
ŠÀ	„drin"	A III 33, B III 20
^{UZU}ŠÀ	„Herz"	B II 41' (erg.)
ŠAḪ	„Schwein"	A II 15', B II 20'
ŠU	„Hand", heth. *kiššar(a)-*, n./c.	
ŠU-*az*	Abl. Sg.	A III 15
^{LÚ}ŠU.GI-*tar*	„Greisenalter (des Mannes)"	A II 28', B II 32', III 42 (erg.), IV 14
^{MUNUS}ŠU.GI-*tar*	„Greisenalter (der Frau)"	A II 28', IV 5'(?), B II 32', III 42, IV 14
^{GIŠ}TIR	„Wald"	A III 33, B III 20
UDU	„Schaf"	A II 17', III 31, B II 22', III 18, 21, 51, IV 1 (erg.)
UDU-*un*	Akk. Sg.	A II 18'
UDU$^{ḪI.A}$	Pl.	A II 18', III 12, B II 23', 41', 48'
UDU$^{ḪI.A}$-*aš*	Gen. Pl.	A II 29', B II 33', III 42, IV 15
UDU.NÍTA	„Widder"	A II 15', B IV 5, 21
UDU.SÍG+MUNUS	„(weibliches) Schaf"	B IV 5
UDU.ŠIR	„Widder"	B IV 19
UZU$^{ḪI.A}$	„Fleisch"	B II 43'
ZAG	„rechte Seite, rechter", heth. *kunna-*, c.	
ZAG-*an*	Akk. Sg.	A III 13

ZAG-*az*	Abl. Sg.	A III 12, 14, B I 6', II 49', III 32
ZA[G?		B I 57"

AKKADOGRAMME

A-NA	„zu, für"	A II 16', 27', III 34, B I x+1(?), II 21' (erg.), 34', 41', IV 4, 8, 19, 20
I-NA	„in"	A III 33, B I 37"(?), III 20, IV 3, 32'
NI-EŠ* DINGIR*LIM	„Eid(gott)"	A III 21, B III 8
QA-TAM-MA	„ebenso"	A II 12', III 28, B I 37", III 15, IV 24, 45"
QA-TI	„ist zu Ende"	A IV 12', B IV 18, 48"
ŠA	„von"	A II 6' (erg.), 23', 37', III 20, B I 40"(erg.), II 39', III 8, IV 18, 42"(erg.)
ŠAMÛ	„Himmel"	
ŠA-ME-E	Gen.	B IV 4, 16 (erg.), 18, 19
ŠAPĀRU	„schicken, schreiben"	
IŠ-PUR	Prt. Sg. 3.	B I 56", III 36, IV 9 (erg.)
-ŠU-NU	Possessivpron. „ihre"	A II 27', B II 31', III 41, IV 13 (erg.)
Ú-UL	„nicht"	A III 20, B II 39' (emend.), 44', III 7

ZAHLEN

1		A II 17', III 31, B II 22', III 21, IV 1, 5, 19, 21, 31'
2		A II 17', III 31, B III 18, IV 3(?), 46"

3		B II 41', IV 19
9		A III 12, 31, B II 42', 48', III 18, IV 1, 16
9-*an*	„neunmal"	A II 17', B III 28, IV 21
9-*ŠU*	„neunmal"	A III 16, 22, B III 4, 10, 35

GÖTTERNAMEN

DḪilašši-		
DḪi-la-aš-ši-iš	Nom.	B I 5'(?), 9', 36", 39"
DIŠKUR	„Wettergott"	
DIŠKUR	Nom.	B IV 6, 16 (*ŠA-ME-E*, erg.), 22
DIŠKUR-*aš*		B IV 9
A-NA DIŠKUR *ŠA-ME-E*	Dat.	B IV 4
A-NA DIŠKUR URU*ZI-IP-PA-LA-AN-DA*	Dat.	B IV 20
ŠA DIŠKUR *ŠA-ME-E*	Gen.	B IV 18
DGulš-		
DGul-ša-aš	Dat. Pl.	A II 2', 16', B II 21'
DTaḫaja		
]x-*ḫạ?-jạ?*		B IV 40"(?)
***taknaš* DUTU**	„Sonnengöttin der Erde"	
ták-na-aš DUTU-*uš*	Nom. Sg.	A II 20', III 10, 12, B II 26', 29', 36', 38', 47', 49', III 3f., 5, 9
KI-*aš* DUTU-*uš*		A II 21', 25', 33', 35'(?), III 16, 18
ták-na-aš DUTU-*un*	Akk. Sg.	A III 21, 23, B III 10
ták-na-aš DUTU-*i*	Dat. Sg.	A II 17', III 32
ták-na-a-aš DUTU-*i*		B III 19
DU	„Wettergott"	
A-NA DU *ŠA-ME-E*	Dat.	B IV 19

^{D}UTU	„Sonnengott"	
^{D}UTU-*uš*	Nom.	B III 22, 29, 33, 35 (erg.), 36 (erg.), 38
^{D}UTU-*un*	Akk.	B III 25
^{D}UTU-*aš*	Gen.	B III 23 (erg.)
A-NA ^{D}UTU[[-*aš*]]	Dat.	B IV 2

STADTNAMEN

Zip(pa)landa		
^{URU}*ZI-IP-LA-AN-DA*		B IV 22
^{URU}*ZI-IP-PA-LA-AN-DA*		B IV 20